JN290703

古代日本の女性天皇

吉野裕子

人文書院

序

仮説を立て、推理を重ね、実証に努めるのが学問の本筋ながら、しかもなお、その基盤に期待されるものは豊かな情感である。

小柴昌俊先生は、当代の名ピアニスト遠山慶子先生のモーツァルトにご自身すべてを挙げて聴き入られる。またこのお二人によってかもし出される雰囲気に魅入られ憧れる人も数多く、先生のご研究など到底判らぬ私如きもその一人である。このお二方の私の本の中へのご登場など夢のようなことなのに、此度、それが思いがけず実現した。

両先生を御迎えすることが出来たにもかかわらず、この貴重な機会を生かし切れず、先生方に失礼申し上げたことをいくえにもお詫び申し上げ、読者の皆様にもおききにくいところ、ご海容をお願いしたく思う。

二〇〇五年四月

吉野裕子

座談会

「天皇制をめぐって」

二〇〇四年四月九日　於　帝国ホテル橘の間

出席者（敬称略）　小柴昌俊　小柴慶子

遠山慶子　吉野裕子

吉野　今日は小柴先生、遠山先生、そして小柴先生の奥様、ようこそお越しくださいました。じつは私、今日のお集まりは大変動機が不純なんです。というのは、私の言っていることをあんまり先生方、ことに一番肝心の民俗学のほうでは一顧もしてくださらない。それで、だんだん残り少なくなりましたもので、このあたりで一人でも多くの方に私の考えていることを知っていただきたいと思ったのです。いま日本でいちばん信用のある方、つまり、ノーベル賞の小柴先生、ピアノの遠山慶子先生、こういう先生方に、ひとこと、お前の考えていることは面白いね、と言っていただけたらそれだけで私は有り難いんです。それである晩、ひょいと思いつきましてね、小柴先生と遠山先生は大変仲がよくていらっしゃるので、遠山先生にちょっとご相談したんです。そしたら二つ返事で、いいわ、小柴先生に連絡してあげるわ、とおっしゃってくださって、思いがけなくここまで来ました。ほんとに、面白いね、のひとことでいいんです。それだけで私、喜んで冥土へいけるんです（笑）。よろしくどうぞお願いいたします。

この頃ニュースや映画に出ますけれども、韓国の国旗、これが一番簡にして要を得ている陰陽五行の説明だと思います。これをご覧になると、真ん中に一つ円がありまして、そこに二つ巴がございますね。それが全ての根幹ですね。外側の円、これが中国哲学で世の始まりといわれる混沌、カオスですね。それをかたどっているわけでございます。それを数でいうと、よく一で表わされます。

自分のことばかりしゃべっていて、小柴先生、なにか仰言っていただかないと。……。

韓国の大極旗

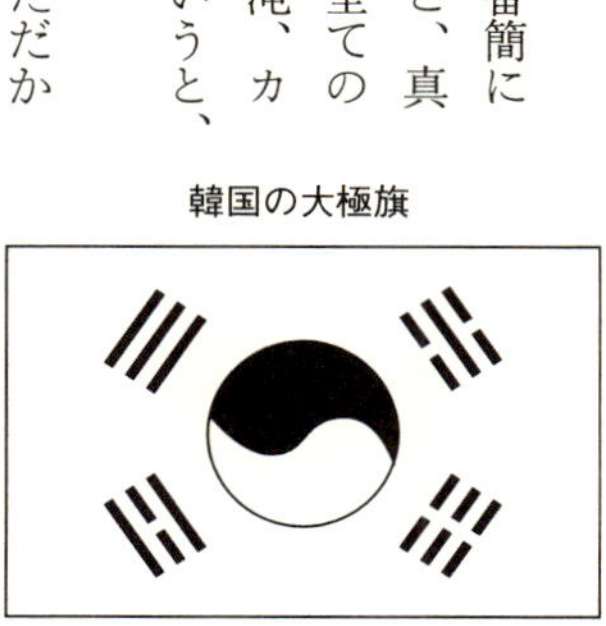

天皇家は何故つづいたか？

小柴　あのね。この参考資料（当日配布の資料省略）、私、ひととおり読んでみたんですけどね。私には訳が分からないところ、フォローできないところが沢山あります。けれどもね、吉野先生がおっしゃったことで感じたことが二つございます。どういうことかと言いますとね、一つは、日本の皇室は何故あんなに長い間特別の防備のあるお城に住んでいたわけではないのに続いてこれたのか、これがほんとうに不思議なことでね、世界のどこの国にもこういうことはないわけです。これが何故だろうかということが一つ。それからもう一つはね、これ読んでてなるほどな、と思ったのは、中国では女の天子というのは則天武后しかいない、ということですね。ぼくは気がつかなかったんだけど、たしかにそうですね。日本には女帝はたくさんいた、と。私、思い出しますのは、さらに日本の場合はね、伝説によると、国の一番最初、それも天地の最初の頃に、アマテラスオオミカミがなにごとも始めたというふうになってるんですね。これも考えてみると、世界のほかにこういう国があるのかなという気がするんです。たとえばエホバにしたってね、ジュピターにしたってね、みんな男の神様なんですね。何故日本の場合に女の神様がすべてのことの始まりのようになっちゃったのか、これも私には分からないんです。

吉野先生が何故天皇家は無防備の状態のままに滅ぼされることなく続いてきたかの理由を考えてこられたのを見て、私が素人としてこうじゃないかなと思ったのは、支那の皇帝の場合には、天というのが別にあって、天が命令をくだしてその人を天子にした、と。だけど何故か知らないけれども、これも私の素人考えなんだけれども、日本の昔を眺めてみると、天皇もまわりの人たちも、それ自身天になっちゃってるんです。

吉野　そうですね。

小柴　それ以外に天はないんです。天の命令が変わるということはないようにしちゃったんですね。だから地にある人間にとっては、天皇や天皇をとりまくまわりの貴族の人たちは天の人間であってわれわれとは違う人たちだということですね。われわれがあの人たちにとって代われるものではないというような雰囲気がいつの間にか出来ちゃったんじゃないかと思うんですね。だけどこれは素人考えでね、ほんとかどうかわかりませんがね、これがこの参考資料を読んで感じたことです。

吉野　先生は私の申し上げたいことをまたたくまにおっしゃっていただいて……。

小柴　あぁ、そうですか。

吉野　日本は中国の文化をそっくり頂戴しているんですけれども、肝心なところになると必ず自分のほうに都合のいいようにうまいこと変えちゃっているんですね。これは日本文化の特徴ではないかしら。人様のものをそっくりいただきながら換骨脱胎して、現状に都合のいいように変えてしまう。つまりそれはどういうことかと言うと、いま先生がおっしゃったように、中国では皇帝とは別に天というものがあるわけですね。皇帝というのは天の神様の子どものような存在、それに対して日本では天皇ということばが表しているように、天そのものになっちゃってるんですね。だいたい天皇大帝というのは星でいうと、北極星の神霊化なんですね。実際は違うらしいんですけれども、北極星は動かない、地上から見ると北の天にじっといて動かない、その神霊化が天皇大帝、それを日本のヤマトノオオキミといった方がそっくりそのまま頂戴なさったわけですね。ヤマトノオオキミから天そのもの、北極星の神霊化である天皇を名乗られるようになったのですね。北極星というのは易で申しますと、さっきの世の始まりの唯一絶対の存在の混沌、それを易では太極といっておりますけれども、北極星はその太極の神霊化でもあるわけですね。だから日本のヤマトノオオキミは天皇を名乗ることによってご自身が天の神様になっておしまいになったわけです。そこでいろんな謎の解明ができると思うんですね。

さっきお話が途中になりましたけれども、唯一絶対の混沌、太極から陰と陽の二つの気が生まれたのですね。それが巴の形になっている韓国旗の真ん中の図でございます。太極が陰と陽の二つに分かれ、陽の気が天になって陰のほうが地となる、そして陰と陽はまったく同格の力で太極から派生しているわけですね。易の繋辞伝という中に、「一陰一陽、之を道という」これが易の根本義ですね。ひとたびは陽になり、ひとたびは陰になる、陰と陽の気は存在すると同時に入れ替わるものである、天皇大帝というのは太極の象徴でもありますから、陰と陽を兼ねている存在でもあると言えるのですね。そこで中国と根本の差が出てきたことは小柴先生がおっしゃったとおりで、中国の皇帝はどこまでも天の神様と違うわけです。ところが日本の天皇は一番の大本を象徴してらっしゃるものですから、これ以上はないわけですね。だから天皇という位は唯一絶対なんですね。誰もこれを冒すことは出来ない、そういう気持ちがしみとおってしまった、これが日本の天皇のお住まいがヨーロッパの王様のお住まいのように石垣を築いて銃眼を備えたようなものとは全く違う無防備な、ただまわりに塀をめぐらしたような簡素なお造りで千数百年ご無事にお過ごしになった理由だと思うのです。

遠山　日本にきて何でも変わるということはよくわかるんだけれども、易というのがどこをどう通って私たちのもとに至ったかという点が。吉野先生が前におっしゃっていた百済観音にしても、インドを通って中国に入り、それから日本の飛鳥にやって来たというように、どこを通って、こういう思想が入ってきて最終的には日本の私たちの日常の問題になったのか、ということは思います。宮中の作りとか、考えてみても物騒なお作りになっているのに、それが守られてきたという、不思議な有り得ないことが起こっているんだけれど、この思想のどこが発信地かなと思いますね。百済観音の例でよく分かるでしょう、と吉野先生が前におっしゃっていたでしょう。どこが発信地か分からないけれども、いろいろ日本に入ってきて、日本がはきだめのように集まってくる、それが不思議なことだなと思うんです。どんな時に、どの天皇のときに重要視されたのか、もちろんアマテラスオオミカミとかヒミコとか聖徳太子とかいろいろあるんでしょうけれども、どの時代に一番重要視されたのか……。

小柴　お話を聞いていて、私がもしね、こういうことをテーマにして小説を書くとしたらどういうストーリーを作るだろうかと思ったんだけれども、たとえばね、私が昔中国の皇帝の家族だったと。ところが革命でその皇帝が殺されて迫害を受けるわけだ。私は一族郎党を連れて船に乗って亡命をする。中国というのは、革命というのにこだわって、つまり天の命令が変わると惨めな目に遇う、そんなことが絶対に起きないようにするにはどうしたらいいか考えるわけ。で日本に来て、自分が天になっちゃえば革命なんて起こりっこないんだから、私どもは天の家族であると宣伝して日本の天皇家が出来た、というような小説を書いたらどうか、と思ったんですけどね（笑）。

吉野　先生、ほんとに小説家におなりになれば……そうですよ、ほんとにね。

小柴　だけどね、よっぽど意識的に宣伝活動しないと、ある特定の家族が他とちがった天の家族であるというのは、一般の人に信じられると思えないですよ。

吉野　そうですね。

小柴　よっぽど意識的にそういうことを最初にやったんだという気がしますね。

遠山　どんな時に誰がやったのかということがね。

小柴　それが分からないですね。

吉野　渡来人がたくさん参りますよね、紀元六世紀、七世紀でしょうか。朝鮮半島がずいぶん乱れていて、百済とかからいろいろな人が来ますよね。そういう連中は革命ということにこりごりして、いま先生がおっしゃったように、その革命をどうやったら……。

小柴　避けられるか、ね。

吉野　はい。

小柴　その当時、日本に住んでいた原住民というのは、書いた文字もなければ、いわゆる学問などというのも全然知らない土民ですよね。そいつらを信じさせるのはそんなに難しいことはなかった筈です。だから何十人かの渡来人たちが土民の有力者たちに、この方たちはお前らと違って天の一族だと言って、組織的に土民の親分たちを平伏させた、案外そういうことじゃなかったかと思うんですね。

吉野　そうですね。

遠山　その手立てとして、農耕、土民たちがやっていたことと宮中のまつりごととが余りにも似ているから……。

小柴　それはボクの想像じゃね、人心をつかむためにはやはりイネをつくる、一番大事な産業をオレたちが見てやっているんだぞという形にしなきゃ、恰好がつかないと思うよ。

遠山　新嘗祭、神嘗祭とか……。

小柴　そうそう。

遠山　宮中の行事を見るとすごく農耕的でしょう。

小柴　そう、むかしはそれが一番の産業だったんだからね。

遠山　ぜんぶ、そうじゃない？　土民を統率する手段としてそういうことがあったわけね。
小柴　天皇家を最初に設立した人たちというのは、とても頭のいい人たちだったという気がするんだね。
吉野　私のついた先生が、清朝王族の景嘉先生という方で、その先生がいつも、日本の天皇制をうらやましがっていられたんです。ご自分が清朝の一族で、革命でひどい目に遇っておられたので、日本の天皇制を大変評価していらしたんです。
小柴　うらやましい、と。
吉野　大変な知恵ですわね。
小柴　そうですね。
吉野　太極の神霊化である北極星、またその神霊化である天皇を名乗ってヤマトノオオキミが登場したということは、それ以上のものはないということですからね。これはいまおっしゃったように、大変な知恵者ですね。
小柴　ボクはそう思うなぁ。

左近桜と右近橘

吉野　北極星の神霊化に付随して中国の哲学は展開しておりますから、それによって国家の制度から御所の作りからどんどん発展していくわけです。その一番いい例が京都御所のお作りだと思います。これは内裏図ですが（一一頁参照）、この中に天皇制が具体的に象徴されていると思います。どういうことかと言いますと、紫宸殿というのがありますが、紫宸というのは北極星のことです。紫の星というのは北極星あるいは北斗七星を含む北辰というものの象徴ですね。なぜ紫色が唯一絶対の太極を象徴するかというと、紫という色は間色であって、赤と黒の原色の混合した色なんですね。赤は陽の気だし、黒は陰の気の象徴でございます。だから陰陽を一つにしたものが紫色、陰と陽の二つを一つにしたものが太極ですから、この紫宸殿というのは、要するに太極なんですね。その太極のなかには陰と陽があるわけですけれども、その紫宸殿の前に左近桜と右近橘の二つが植えられてあるわけです。

桜というのは、美しさとかいろいろありますけれども、桜の一番の問題はその開く時期が今年ちょうどそれにあたりましたけれども、春のお彼岸、旧暦でいうと二月の十五日、新暦でいうと三月下旬でございますね。ですから、まさに一年の構造図で言いますと、旧暦の二月、如月の中頃に咲く。これは木気ですから陽の気です。春のいちばん正気に咲くわけです。それに対して橘のほうは、旧暦の八月、秋のお彼岸の頃に固く実を結びます。要するに春に花が開いて、そして秋に固く実を結ぶ、その頃は桜はみんな葉が落ちてしまいますね。橘の葉は落ちませんけれども、命が中へ中へと固く結実する、そういう植物ですね。ですから桜と橘というのは陽と陰のまさに象徴です。ちょうど春の木気と秋の金気が相対します。太極の紫宸殿を中心にして、陽と陰の植物がその前に配当されている。これはまさに一陰、一陽ですね。太極旗のそのままの象徴でございます。紫宸殿は目に見えますけれども太極というほんとは見えないものですね。だから天皇というのは太極の象徴でこの世に現われている方ですから、そのお住まいになる御殿も同じようにこの世に現われてい

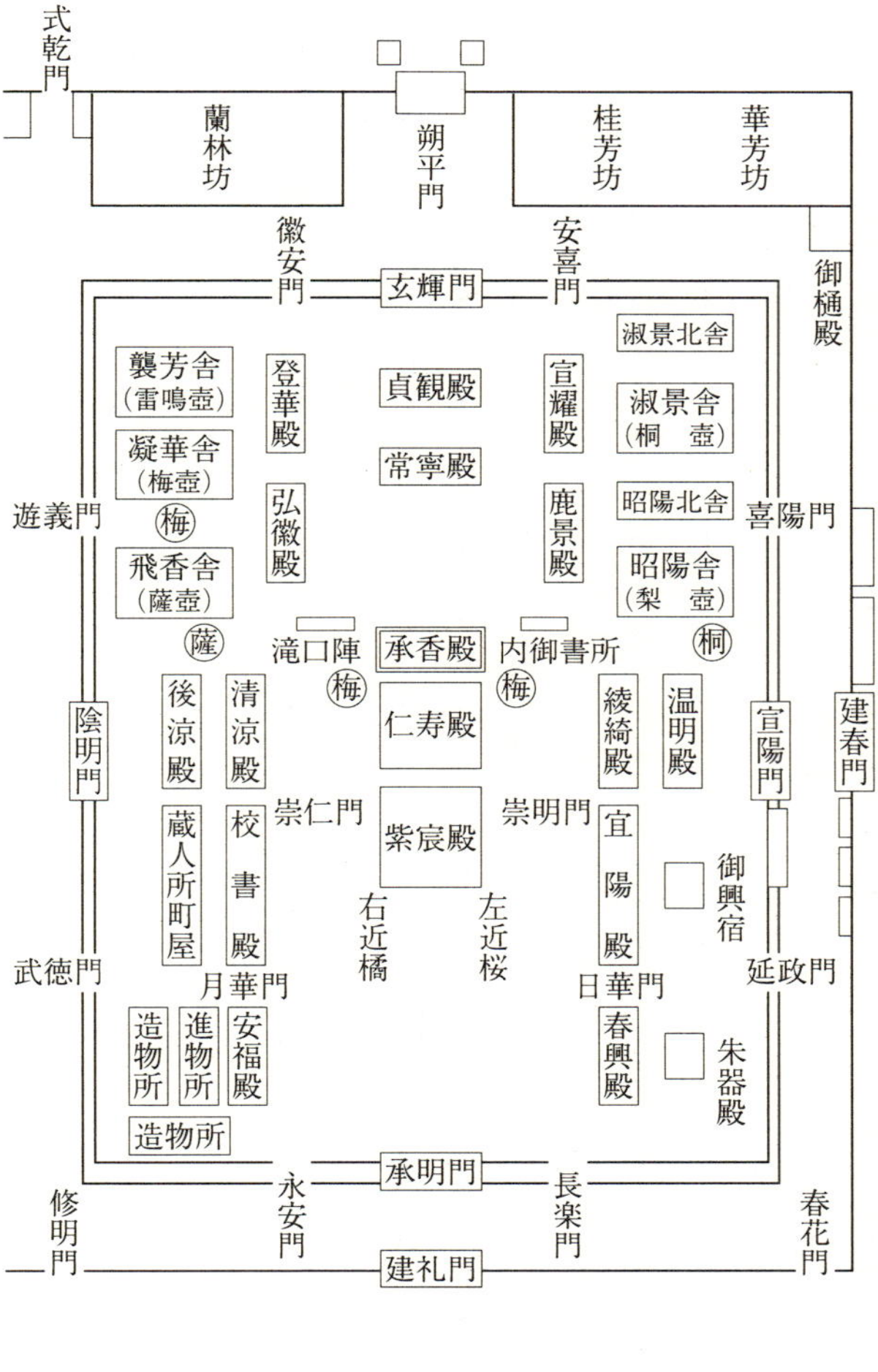
式乾門
蘭林坊
朔平門
桂芳坊
華芳坊
徽安門
玄輝門
安喜門
御樋殿
淑景北舎
襲芳舎
(雷鳴壺)
登華殿
貞観殿
宣耀殿
淑景舎
(桐　壺)
凝華舎
(梅壺)
常寧殿
弘徽殿
鹿景殿
昭陽北舎
遊義門
梅
喜陽門
飛香舎
(薩壺)
昭陽舎
(梨　壺)
薩
滝口陣
承香殿
内御書所
桐
梅
梅
後涼殿
清涼殿
仁寿殿
綾綺殿
温明殿
陰明門
宣陽門
建春門
崇仁門
紫宸殿
崇明門
蔵人所町屋
校書殿
宜陽殿
御輿宿
右近橘
左近桜
武徳門
月華門
日華門
延政門
造物所
進物所
安福殿
春興殿
朱器殿
造物所
承明門
永安門
長楽門
修明門
建礼門
春花門

[内裏図]

るわけです。この御所の作りから天皇という象徴ははっきりと伺えると思います。他にも御所のなかには沢山象徴がございますね。

ここでついでに申し上げますけれども、この御所の真ん中に承香殿というのがございます。五行というのは、世の中のあるゆるものを五つに分けますけれども、この香り、匂いというのは土気に配当されるのです。土気というのはいつも真ん中なんです。その土気の香りを象徴する御殿が御所の真ん中にある、これなんかも一つのいい例だと思います。

私ね、京都御所にお電話して聞いてみたんです。秋の彼岸の頃に橘が実っているでしょうか、と。まさに秋分の頃に実をつけだします、ということです。だからただ単に植物が植わっていると見てはいけないんです。左近桜、右近橘というのはちゃんとした陽と陰の二つの気の象徴である、そしてそれは陰と陽を統括される絶対の存在である天皇の位を象徴するものでもあるわけですね。

さっき遠山先生がおっしゃった百済観音ね。ああいうインドで出来た仏教がみんな中国を経過しておりますね。中国を経過すると必ず、易・五行を基礎とする中国哲学の影響を受けるんですね。だから仏教と言ったって純粋の仏教とは違うわけです。必ず陰陽五行の性格を帯びてくるわけです。それですから百済観音にしても、私は、曲線を描いているお姿がまさに北斗七星を表わしていると思います。さらにそれが朝鮮半島に行きますと、また影響を受ける。日本に渡来するのは、革命なんかで命からがら中国や朝鮮半島から逃げてくる人たちですから、なんとかして革命の影響を受けない絶対者になりたい、そういうことで天皇制が生まれたんではないかと思いますね。

もうすこし桜のことを申し上げていいかしら。いまちょうど時期ですからね。

遠山　お花見の……。

吉野　日本人とお花見ということで、いろんな方がほうぼうによく書いていらっしゃいますが、私に言わせれば今申し上げたように、桜というのは木気、陽の象徴です。このお花見というのはお月見に対応しているんです。満月をみるのは一年に十二回あるわけですけれども、旧暦の八月を意識しているってことは、お月様は西の象徴であるんですね。旧暦の二月が陽ならば、八月は陰ですね。だからここでも陰と陽が対応するんですね。春のお花見はパッと咲いてこれからものがみな開いていく時期です。秋のお月見は金気で固く実る時期です。そして命が内に籠もるんですね。だからお花見に対して必ずお月見があるわけでございます。お月見の場合、金気を象徴する丸いもの、白いもの、お団子とか、実りの秋を表わすススキの穂だとかそういうものがお供えになります。お花見で陽を表わして、お月見で陰を表わす。お花見というのは、秋の結実を前提としていますから、囃し立ててやらないといけないんです。騒いで元気づけるんですね。だからお花見というのはただ単に美しいからうたい騒ぐというのではなくて、秋の結実を促すお囃子ですね。そして一陰一陽というのは、存在すると同時に循環するものですから、その結実したものが地に戻って、また春に花開くということですから、お月見とお花見というのは、そういう陰陽の交替・循環を表わす呪術でもあるわけですね。単に集い騒ぐというのではなく哲学の実践であろうと私は思います。

ですから桜の花の精、神様をむかしから木之花咲耶姫《このはなさくやひめ》と言いました。咲くということが問題なのです。木之花姫ではなく、咲耶姫というのが大事なんです。桜の花が木気の代表ということは、咲く時期が春の真ん中、旧暦の二月の十五日というのはちょうどこの頃でございますからね。これで桜の花が他の植物とは全然値打ちが違うわけですね。木之花咲耶姫という神様のお名前になっている所以です。ほかにこういう例はあまりないんです。咲くという動詞が神様のお名前になっている例はね。お花見を論ずる場合はそこまで考えを進めていかなくちゃいけない。昔は村じゅうをあげての行事だったんですね。花は見て囃してやらなくてはいけない、という一つの決まりでもあったんです。西行法師の「願はくは花の下にて春死なむその如月の望月の頃」のうたはこれから盛んになる木気、陽の気のもとで死にたいものだという、詩人の気持ちは分かりませんけれども、桜に対する日本人の、農耕民族の特別の思いがこめられていたのではないかと思います。

祖先神は蛇

吉野　さっき小柴先生が、中国は女帝がいなくて日本は沢山いるのは何故かとおっしゃいましたが、縄文時代の壺などを見ますとやたらに蛇の造形が多いですね。縄文時代の土器・土偶には蛇がいっぱい出てきます。これは蛇が祖神様《おやがみ》だった証拠だと思います。そして蛇を祖神とするのは世界的な現象です。先生方は世界を飛び回ってらっしゃるからいろいろご覧になってるでしょう?

小柴　そういうことは余りしらなかったなぁ。

吉野　エジプトあたりにコブラがね……。

遠山　女の人が男の人からもらう指輪に蛇がかたどられているけれども、他の人にとられないように魔除けなんでしょうね。

吉野　それからミイラの作り方も、あれは蛇をかたどっているのではないかと思うんですよ。蛇は手足がなくって、しかも一本棒でしょ。手足を固くしばって……あれはコブラの形だと思うの。祖神の姿に変えて葬っているんじゃないかと思うんです。ともかく蛇信仰はエジプトに起こって東西に広がったわけで、コブラはインドに行きますとナーガという名前になります。これも祖神です。アメリカ大陸にも行ってます、蛇信仰は。西の方はギリシア・ローマまで。だから蛇を祖神とするのは世界的な信仰でございますね。

蛇っていうのは形が男みたいです。男性の象徴。それから脱皮をして命を新しくします。毒蛇は非常に強い。祖神になるのはみんな毒蛇ですね、必ず。強くなければ祖神になれないんです。日本ではマムシね。それが祖神です。土偶のなかにはマムシを頭に載せている巫女がいます。祖神が男性の原理であるならば、それを祭るのは当然女でなきゃいけない。男に男をもっていったってしょうがない。男には女を配する。おそらくアマテラスオオミカミは最高の女神官ではなかったかと思います。今だって伊勢神宮の斎宮には内親王さんとか皇族の方でしょ。だから女が土俵にあがっちゃいけないなんてとんでもない（笑）。むかしはね、女でなくちゃ夜も明けなかったの（笑）。いつからか女が汚れているとか言われて祭祀権をみんな男がとっちゃったけれども……。

小柴　混沌から陰と陽が分かれてくるという中国の考え方、それで森羅万象を説明するということを教えてくださったわけですけれども、じつはね、さきほどご説明にあった韓国旗の陰と陽の巴の形、これはたしかに今の宇宙論でもね、一番最初は大きなエネルギーのかたまりだったものが、粒子と反粒子と同じ数だけ作られていく、ということに同じですね。それは確かにそうなんですけれども、粒子と反粒子が同じ数だけ出来ても、この粒子と反粒子がくっつくと光になって消えちゃうんですね。それだと今ここにいるわれわれも存在できないんです。これじゃ何にも物は残らないことになります。出来たこの粒子と反粒子がくっついちゃう時にね、十億分の一くらい全体の法則に従わないやつがいたんですよ。それで粒子だけがほんのちょっと、十億分の一だけ残ったんです。

吉野 へぇー。

小柴 その残った粒子が百三十億年のあいだにいろんな星になったり、地球になったり、その上に生物ができたり、それが進化してわれわれになったりしたんです。だからボクが言いたいことは、中国の昔の考え方というのも解釈のしようによって、今の科学にあてはめて考えると、粒子と反粒子に分かれるのは陰と陽に分かれることと同じと言ってもいいんですけれども、じつは見落としていけないのは、十億分の一の破れのところをちゃんと見とかないとわれわれの存在そのものがなくなっちゃいますよ、ということなんです。それがね、たとえばね、そうだなぁ、ギリシアの昔でもアトムという言葉が出来ていたんですね。実験なんか何もしないでその頃の人の頭の中で考えて、物質というのを細かく細かく分けていってどうなるんだろう、と。それで、いつまでも無限に分けられるはずがないんだから、あるところまで行ったらこれ以上分けられないっていうユニットがあるに違いないと、これは考えの上だけですけど、それにアトムという名前を付けたんですね。それが十九世紀になってたしかに物質を分けていくとアトムというこれ以上分けていくと物質がなくなってしまうというものがあることが分かったんです。だから昔の考えを今に適用するということは面白いことなんだけれども、昔だってそんなに全部が分かっていたわけじゃないんだな。だからそういう比較対応させることには限界がある、と思うんですね。

吉野　当然ですね。ただ昔はそういう考えでまかなってきたわけでしょ。それによっていろんなことが決められているから、それを使って昔の人のやっていたこと、昔の人の考えていたことを探るのがいいんじゃないかと思うんです。

小柴　ボクの言いたかったことはね、昔の人の考え方で全部ものごとが説明できるはずだと思い込んだらこれは間違いだと……。

吉野　それはそうですね。

小柴　だから限界があるということですね。それとまた思い出したんだけど、さっき小説を書いたらと言ったときに、中国から滅亡した王族が日本にやって来て、こんなひどい目に遇わないような王朝を建てようと言っていろんなPR活動をやるなんて夢想話をしましたけれどもね。その人たちは結構上手にやったと思うんですよ。つまりね、そもそもの最初は、天孫降臨といってこの国に降りてきたんだ。天からの直系の人間がわれわれのいだいている天皇なんだというストーリーでしょ。それをいつの間にか広めちゃって、土民たちはこれはわが国の最初に出来た頃のことだと思い込ませちゃったんだから、これは大した宣伝活動だったと思いますね。

吉野　そうですね。日本の神話、古事記や日本書紀が出来たのは八世紀の初めですよね。

小柴　もっと前からね、文章にはならなくてもね、あったんでしょうね。

吉野　そうでございますね。天皇を名乗ったのは天武天皇が初めてという説があるんですが、私はもっと早いと思います。

小柴　相当時間をかけないとね、その気にさせられないですからね。時間をかけて組織的にPRをやったんじゃないかと思いますね。

吉野　私は枕詞からそういうことを感じるんです。枕詞というのは定着するには相当の時間がかかると思います。詳しいことは本に書きましたけれど……。

土用ということ

遠山　五行の中に土気というのがあるでしょう。気がめぐって行くときにすぐに次に代わっていくのではなくて、混沌としたものに一度入って、それから次に行くというのがとても大事なことじゃないかと思うんですが……。

吉野　おっしゃる通りね。

遠山　図で拝見すると、パッとすぐに代わるみたいだけど、季節の代わり目に十八日間だっけ、土気が来るじゃない、準備する期間というのかな、黒でもない白でもない時期というのがあるわけでしょ。十八日間という穴というか……。

吉野　土用ですね。

遠山　陰でもない陽でもない、混沌とする時期がくるわけでしょ。ここのところが私は重要で陰陽五行の面白いところだと思うんです。

吉野　まさにその混沌としたところが土気なんですよ。

遠山　その土気っていうところを、先生、もっとおっしゃらなくてはダメよ（笑）。

吉野　たしかに土気という題だけで一冊の本になるくらいですね。

遠山　私はこの土気というのに大変興味をもってるの。先生から最初に伺った時にとても印象深かったの。陰と陽でハイこのようになりますと言うと解決が早すぎてついていけないんだけど、あいだにこういう混沌としたところがあるとね……。

吉野　ほんとうにおっしゃる通りだと思うの。土気の扱いがじつは一番難しいんです。土気というのは陰と陽を兼ねているんです。生きるのも殺すのもみんな土気がからんでくるんです。

遠山　物事ってそんなに簡単に割り切れるものではないわよね。おっしゃることはその通りなんだけど、余りにもパッと割り切れてしまうとかえって納得しにくいのね。

吉野　いや、ほんとうに土気は大切なんです。

遠山　だめよ、先生、土気をおやりにならないと、余生をかけて（笑）。もちろん花見、月見、でもその間に四回来るんだっけ、違った？

吉野　そうですよ。

遠山　もちろん宇宙の法則からすると、そういうことになるんでしょう。十億分の一か、混沌というか、法則に従わないところがあって、中国の哲学でもそこは解いてないわけでしょ。だから私はそこが面白いなと思うんです。

吉野　だから結局、こういう説明はビッグバンですか、世の始まり、そんなものの遙かあとにつらつら世の中を見ていくと分かってきたことなんですね。世の始まりというのはほんとうはなかなか解けないわね。

遠山　解けないんだけど、科学者である小柴先生と吉野先生の間にね、そういう問題があるんじゃないかと思うわけ、それがとっても面白いんです。それはそうと小柴先生はお誕生日いつだっけ。
小柴　九月です。
遠山　お月見のほうね。私は桜、お花見のほうね。にぎやかなほうだけど、こちらは結実、内へ内へこもるんだって（笑）。
小柴　私は地味で質実剛健なんですよ。
吉野　木之花咲耶姫と金山彦かな。
遠山　ちょっと年寄り過ぎてるよね（笑）。先生の最初のお話から、私は土気に興味があったんです。
吉野　よく聞いてくださっていたんですね。
遠山　私はね、満月になると気分が悪いのね。やっぱり……。
吉野　金気だからやっつけられてるのよ。
遠山　ともかく土気の白でもない黒でもないグレーゾーンが面白いわね。
吉野　旧暦というのは、皆様よくご承知のようにお月様の動きでひと月が代わる、朔から満（望）にね。三十日で一巡するわけね。それでいくと一年が三百五十日くらいになるのかしら。で、四年に一回閏年を置くわけでしょ。お月様を中心にした太陰暦を太陽暦が修正、調整しているのが旧暦です。太陽暦でいうと冬至と夏至、それから春分と秋分、これを太陽暦が調整しているわけね。そうすると冬至から勘定して四十五日目に春が立つんです。立春ね。その前の十八日間が……。
遠山　私の好きな土気ね。

小柴夫人　それで私、お話うかがっていて思ったことは、ノーベル賞の時にね、最後の時に光の神様がお祝いするために受賞者の前に頭にキャンドルをつけてサフランのパンとコーヒーを持って来てくださるんですね。それも今思ったのは、一陽来復じゃないけれど、光が再生してくる、そういうふうに祝ってくださるのかなと。

吉野　やっぱり冬至ですね。冬至でもってグルッと代わるんですね。

遠山　だから全部割り切れなくて混沌とした時期というのがあると言わないと、そればかりにかかわってるといっこうに進まないじゃない。合理的に分けていかないと物事が進まないし、お祭りごとも進まないから、だけど祭りがなぜ嬉しいかといったら、混沌の十八日が過ぎるから嬉しいんですよね。

吉野　だから立春の前の土用のあいだに冬が死んで春が生まれてくる、そしてまた立夏の前の十八日間の土用では、春が死んで夏が生まれてくる……。

遠山　そこに十億分の一の異端児が出るわけね（笑）。わかんないのよね、世の始めってねぇ。

小柴夫人　でもどこか世界の人の考えって繋がっているんじゃないですか。

遠山　そうよ、人間なんてたかが知れてるのよ、考えることなんて。西洋占星術だってそうでしょ。昔から似たような考え方でいくんだけど、吉野先生を素晴らしいと思うのは、やはりそこまでの考えだけではなしに、そこから進んだところに話をもっていかれるところよね。

吉野　日本はモンスーン地帯で、嵐が来たり災害を受けることが多いですね。だからそれを少しでも避けたい、それをするには呪術を極度に使って避けるというわけです。

遠山　昔は天文台ってないしね。いろいろなものがすべて分からないわけだしね。哲学だけでやっていくのは大したものですね。

吉野　だから世の始まりというのと離れちゃって、だいたいこの哲学が生まれたのが北緯三十四度か三十五度のあたり、黄河のほとりですわね。大体日本の緯度と一致します。四季のめぐりが同じなんです。だから日本はそっくり受け入れられたんです。うんと南に行っちゃったりするとダメですけど、ちょうど文明が発達したところと緯度が大体日本は似ているんです。だから同じめぐりがあるんです。

吉野　それでさきほどの天皇制でありますけれども、中国では天帝の意に添えなければ地上の皇帝は追っ払われる。それで革命の理論が成り立つわけですね。前の皇帝を滅ぼしても悪いことにはならないんです。天命を失ったから、天の神様の信用を失ったから王朝が代わる。日本はさっき先生がおっしゃったようにそれじゃ困るという人たちが逃げてきて知恵をしぼって天そのものにしちゃったんですね。今の学説はその時期を非常に遅らせているんですね。天武天皇の時にしてますけど、私はもっと早い時期にそれがあったと思いますね。

この頃しきりに思うのは韓国旗の真ん中にある太極、天ですね。その中の巴の形をした陰と陽、これを有形・無形に具体的にしているのが日本の家の造りです。それからいろんな行事、ある時は陰になり、ある時は陽になる、一陰一陽ですね。それが規則正しくめぐっていけば稲もよく稔るし、人の生活を幸せにする、それに尽きると思うのです。

遠山　きまりを作っておくっていうことが人間が生きていくということに合理的というか、矩《のり》を踰《こ》えず、というのはそういうところにあるんじゃないでしょうか。

吉野　そうね。

遠山　めちゃくちゃに、夏になってタネをまいちゃったりしたらね、駄目なんだし。

吉野　だから風がくればなんとかしてその風を鎮めようとするし、雨が多ければ雨を減らそうとするし、地域的にところどころに特徴がございますからね。それをなんとかして上手く逃げたいとか、いいほうに持っていきたいとかいうのが祭りの要素になるわけですね。たとえば沖縄では台風銀座といわれるようにものすごい風と、慢性的な水不足、この頃はわりとうまく行っているようですけど、沖縄の一番の苦労の種は風と水だったんです。ですからそれをなんとかして防ごうとしたお祭りが久高島という島のイザイホウという十二年ごとの午年に行なわれるお祭りですね。「風を封じて雨をよぶ」そういうお祭りだと思うんですけど、その大事なところを今までの民俗学はちっともおさえてらっしゃらないんです。現象面ばっかり追っかけている。そういうのを一生懸命解釈しようとしているんですけれどね。地域によってお祭りの質がずいぶん違うんです。

今年は申の年ですから、信州の諏訪の御柱の年でしょ。寅と申というのは軸になっているでしょう。寅はお正月で、もの皆始まる時ですね。陽の始めなんです、寅は。申というのは陰の始めでございます。三合の法則でこれは解釈できますけれども。諏訪というのはちょうど国の真ん中ですから、ことに陰と陽のバランスが大事なところでね。

小柴夫人　遠山さんは戌年生まれだったかしら。

遠山　そう、戌。

吉野　戌年というのはおめでたいのよ。戌というのは人間の祖《おや》ですからね。犬張り子とか、お産の時に戌の時に……。

遠山　戌の日でしょ、帯をするのは。

吉野　犬がお産が軽いからって、あれはウソよ。だってケモノはみんなお産が軽いんです。戌は火になるんです。人間は土気なんです。火生土（火が土を生み出す）という法則があって、火は人間の親になるんですよ。だから火がとっても大事なんです。家の神様というのはみんな火です。犬張り子なんて、生まれた子の枕元に置くんですもの。生まれたあとでしょ、お産が軽いからなんて意味ないんですよ。結局戌は人の祖《おや》だからそれで大事にするんです。赤ちゃんが丈夫に育つように戌張り子を枕元に置くんです。

遠山　そういえば申の人形なんてあげないわね。

吉野　人間は土から生まれたものを食べて、また土にかえっていくわけでしょ。生かすも殺すも土気なんです。土気が一番重要な、動かすもとなんです。

はじめに

中国四千年の歴史のなかで、正規に帝位を践《ふ》んだ女性は、則天武后ただ一人である。彼女は唐の第三代高宗の后であったが、夫帝崩後、六九〇年に即位して「周」を建国した。これを「武周」といって古代の周と区別する。そこで、それ以後の彼女を「則天武后というのは正しくない。武則天と呼ぶべきである」というのが、大作『武則天』の著者、原百代先生の説である。しかし武則天では今もなお、通用しないので、本稿では従来通り、則天武后と書く。

もし彼女が出なければ、中国には女帝は存在しなかった。

それに対し、日本では女帝はけっして珍しいものではなく、とりわけ奈良朝においてその存在は顕著である。

何事も中国一辺倒の古代日本において、この相違は看過されるべきものではないが、これについてもまた天皇の場合と同様、判然《はっきり》した論はきかれない。このような重大な相違、或いは落差については、たとえ不完全ではあっても、その推論は当然、されなくてはと思うので、本書はそのような意図による試論である。テーマは自然、

「女帝不在の中国に対し、日本には何故、女帝が存在したか」

ということになるが、その際、既刊の拙著の中からの抜粋が多くなったことを、既にそれらをご購読下さっている読者の皆様にこの重複を避けられなかったことに対するご海容を心からお願いする次第である。

目次

古代日本の女性天皇

序　中国における女帝不在の原理

中国における「女帝不在」は、一種の不文律でこの問題に関わる正面切っての理論は見られないようである。

そこで私はこれを究極的には、

一　「徳の有無」

二　「宗廟祭祀法」

の問題に帰するものと考え、力不足も省みず、あえてこの二点によって推理することにした。

人間の思考、行為の背景にあるものは、常にその宇宙観であり、哲学である。従ってこれを考えることなしに論を進める訳には行かない。

古代中国の哲学は、「天文学」、「易」に基づいているので、この問題の推理もそれらの概要からはじめる。

混沌と太極（古代中国天文学）

中国古代哲学によれば、原初唯一絶対の存在は「混沌」。この混沌から陰陽二気が派生し、陽気は上昇して「天」となり、陰気は下降して「地」となったという。孔頴達は、「太極とは天地未だ分れざる前、元気、混じて一と為るをいう」（『五経正義』）といい、天地未分化の混沌状態の混沌が、すなわち「太極」であると定義する。

陰陽五行は中国古代天文学に密着・習合しているが、その天文学によれば、北極星は天極にあって、この北辰（北の星の意）が宇宙の中心、すなわち「太極」として捉えられていた。「太極」の神霊化が「太一」である。

この北極星を中心とする部分が「中宮」と呼ばれた。中宮は北極星およびその周囲にある星座から成立し、北極星の神霊化たる最高の天神「太一」の居所は北極中枢付近のもっとも明るい星とされている。その近くに太子・后の星があり、この天帝一家の一団を「紫微垣」という。太子に接して北斗七星があり、北極星および北斗七星を総称して北辰といっている（北辰は北極星だけを指すこともある）。

北極星は動かない星である。この不動の北極星と、その周りを一年の周期で回る北斗七星との関係は、天帝とその乗車として捉えられ、『史記』天官書第五には、

斗を帝車となし、中央に運り四郷を臨制す。

と述べられ、天帝は北斗七星を乗車として宇宙に乗り出し、四方上下を治めるという。

事実、北斗七星は北極星を中心に一時間に一五度ずつ動き、一昼夜でその周りを一回転し、一年でその柄杓の柄は十二方位を指す。従って北斗は絶対に止まらない天の大時計として、天官書には、陰陽、つまり夏冬を分け、四季の推移と二十四節気を調整し、五行の円滑な輪廻を促すものとしている。

この北斗の人類に対する最大の貢献は、農耕の基準を示し、民生の安本を保証することにあるとされたから、農事を基本とする生活暦は北斗の運行を基につくられていたのである。

人間生活に対するこのような貢献度のゆえに、北斗七星は「旋璣玉衡」、すなわち「回転する美しい珠」という美称を有する星座であった。

北極星の神霊化が天帝太一、あるいは天皇大帝であり、天帝一家の住居が紫微垣であった。

易

「易」では混沌を「太極」として捉え、この太極から、二大元気、即ち、一陰一陽の「両儀」を生じ、「四象」「八卦」に至る、とするが、「八卦表」はその様相を示す。

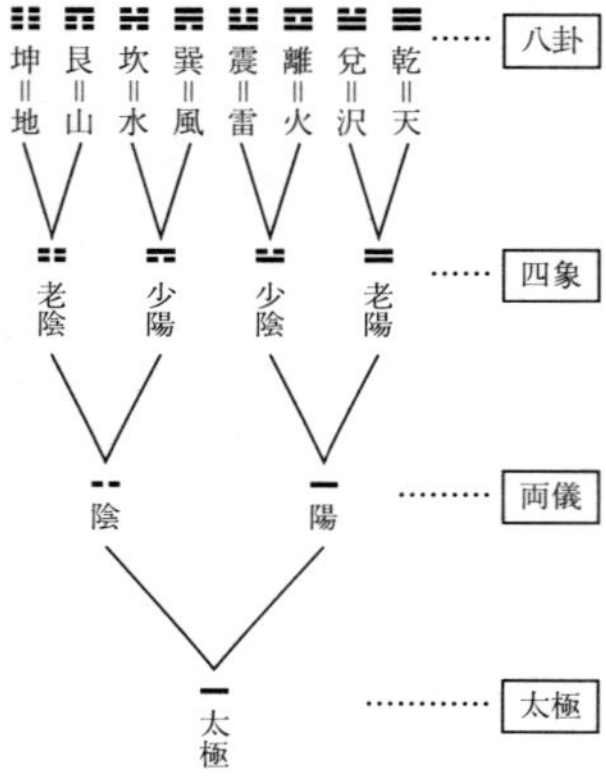

以上が、「古代中国天文学」及び「易」における太極、その神霊化としての太一である。

一　中国皇帝の本質

中国の皇帝は、地上の皇帝で、当然、天帝「太一」或いは「天皇大帝」ではない。いわば天帝から地上の全権を委ねられた「天子」であって、天帝そのものではなく、その本質はどこまでも天帝によって地上の君主として是認されたものに過ぎない。従って彼が天帝の信用を失った時には、天帝はそれに優るものを以て、これに替えるから、地上の王朝は交替する。

こうした中国の易姓革命の歴史からも、中国皇帝は「天帝」ではないことが実証される。もし中国皇帝が自身を天帝「太一」とか「天皇」を名乗れば、易姓革命の名分が立たず、前王朝の帝王を放伐して追い払い、政権を奪取して自身がそれにとって代わることは出来ない。

1　「陽」としての皇帝（徳を有するもの）

地上の君主、中国皇帝は、それでは「易」において、どのような位に準えられているのだろうか。太極は陰陽二大元気を派生する。この大元の二気は、互角の存在ながら、その作用はまったく相反し、完全に相対である。

陰陽本質対照表

陽	⚊	男	皇帝	得	施与	プラス
陰	⚋	女	臣民	欠	受容	マイナス

この表からみれば皇帝は陰陽二気のうち、「陽」を象徴する存在である。

つまり「人」においては「男」、国家の次元であれば「皇帝」、その皇帝としての資性からみれば「施与」という風に……。

その根本思想は、その記号に明示される。即ち、「陽」の記号は「⚊」。これを三つ重ねて「☰」。いずれにしても、それは満杯のシンボルである。これらの記号は「爻」とよばれるが、陽爻は「ものが満ち溢れている状態」を示す。

それに対して「陰」は「⚋」。「䷁」。これは「欠けている状態」のシンボルで、これでは民に「施す」余裕はない。

中国には古来、「天子にて徳なければ民に恩恵を施し得ず、畢竟、一事もなし得ない」という確乎とした理念がある。

「徳」は「得」に通じ、精神面のみでなく深く物質にも関わる意を内に持つ。つまり、私どもは「徳」という言葉からすぐ道徳を連想するが、徳には、それのみでなく損得の「得」の意味もあって、「易」でこれを考えれば、皇帝や上に立つものは民に「施し」をしなければならず、この「施し」、即ち「徳」(得)であって、これが古来、中国の政治の要諦である。

則天武后を唯一の例外として、中国に女帝が存在しなかった理由はここにあり、「陽」で、「プラス」の男は、皇帝となって、「施すことが出来る存在」、女は「施しが出来ない存在」。従って、ここにあるものは、プラスとマイナスの差、だけであって、良い悪いの道徳律など入って来る余地はない。

「易」におけるこの陰陽の把握の相違が、女帝皆無という不文律の根本義と思われるが、実はそれにつぐものとして第二の理由が考えられる。

2　宗廟祭祀の方法

中国皇帝に強く要請されるものに「宗廟祭祀」がある。中国人にとって死とは魂（陽）と、魄（陰）の分離を意味する。この分離した祖霊を一つにする処、それが北方の宗廟であり、そのための祭りが、天子親耕、皇后献桑の陰陽の祭祀である。

男帝には皇后が配されるが、女帝には配されるべき陽の男性がなく、結果的に女帝は宗廟祭祀不能である。

本来、無徳であり、且つ、宗廟祭祀不能となれば、女帝出現の機会など望むべくもない。これが女帝皆無の第二の理由と思われる。

二　日本天皇の本質

1　「天皇」の名称の意味するもの

天皇大帝とは北極星の神霊化である。その北極星は宇宙の中心、或いは宇宙そのものの「太極」の具象化であり、この太極の神霊化が天帝と考えられるから、天皇の本質は、宇宙神、天帝そのものとなる。

従って、大和の首長が、自身を「天皇」と名乗ったとき、彼、或いは彼らは、中国皇帝をとびこえて、その上を行く存在となった。

つまり天皇は唯一絶対、何ものを以てしてもこれにかえられない存在なのである。

従って、宇宙神「天皇」を名乗ってしまった大和王朝に革命はなく、そこに在るものは永遠の「天皇命」ともいうべきもののみで、「姓」さえない。

天帝一家の住居が「紫微垣《しびえん》」であったように、天皇のそれは、その名も相似の「紫宸殿《ししんでん》」である。

或いはそれは回転する美しい珠、にたとえられる北斗七星の永遠の軌道の内側を意味する「大内裏」でもある。

枕詞「タマキハル」を、私は「璣際る《たまきはる》」と解するが（拙著『陰陽五行と日本の天皇』参照）、「紫宸殿」も、「大内裏」も共によく天皇の本質を具体的に示す名称である。

つまり五行でいえば、「紫」とは赤と黒の間色、統合した色である。赤は火・陽、黒は水・陰を意味するから、紫は陰・陽を一つにした太極・太一の象徴となる。

更に天皇の本質を示すものに、祭りがある。

日本神道は神への供饌をその第一義とする。そうしてその神饌は、陰陽の関係で天極から相対する天の大匙、即ち南斗・北斗を経由することによって初めて、天皇とその祖霊に到達するものとされる。

陰陽統合体である天皇は、ユキ・スキと称される陰陽統合の神饌を太一に供え、同時にこれを太一と共食することによって初めて天皇たり得た。
要するに日本天皇の本質は、天帝なのである。

2　中国皇帝・日本天皇の建前と本音

この現実世界では、「建前」と「本音」は常に錯綜し、しかも往々、本音が建前に先行する。中国皇帝も、一度び覇権を握れば、天帝同様に振る舞い、またその様に扱われる。その皇城は、「紫禁城」と称され、或いは南北を南斗・北斗の両斗に象って、「斗城」と称されるなど、その一例である。

この建前と本音の錯綜は、日本では反対になる。

天皇は「上御一人」といわれる絶対の存在で、これは正に天帝太一の象徴である。しかし、この天皇に皇后が配されるとき、「陰」の皇后に対し、天皇は「陽」となって相対化され、陰陽二元のうちの一つとなってしまい、これがむしろ現実の相である。

日本天皇の本質は太極であって、これが建前である。この太極は陰陽を包摂し、陰でもなく陽でもない。従って、日本の場合、天皇はそれが女であっても少しもかまわなかったし、このような考えは極めて自然に生じた。

しかも蛇信仰が長くつづいた日本では、祭祀は「女が主」という女性優位の伝統があったので、

「女帝」というものに違和感がなかった。「違和感がない」ということは一つの社会における重要な要素であって、これが自然の流れとして、第三十三代推古天皇を初代とする、多くの女帝誕生の母胎となる。

だからといってそれは蛇信仰時代のように、女でなければならない、という積極性によるものではない。このように積極性はなく、むしろそれは多くの場合、大和王朝の内部事情によることではあったろうが、しかも彼女達は女であることに対して、引け目などはなく、堂々と帝位を我が物とし、周囲もそれを了承している。

3　「水」の重視

だが一方、大和朝廷の識者達が、先進国中国の「女帝不在の原理」を知らぬはずはなく、当の女帝達自身にとっても、それは既知のことであったろう。そこで彼らにとって、

- 日本伝統の祭祀、および、国家体制における女性上位、と、
- 先進国中国の哲学を基盤とする女帝不在、

この両者の間隙は何としても克服したいところであったに相違ない。

その期待に応えるものが「水」であった。

- 北極星（太極）を地上に移せば、方位は「北」。

・北は五行の首《はじめ》の「水」の正位。
・十二支では北は「子」。
・子月に必ずめぐって来るものは「冬至」。
・冬至は一陽来復の象「䷗」、陰陽合一の時。
・冬至は「時間」であるが、それを方位・空間に執れば「北」。
・一陽来復の際の陽爻こそは徳（得）の象徴。

日本の天皇は、皇位とこの「水」の関係を重視し、明日香を基点に、最終の京都に終わる一連の遷都も、常に北方志向である。その背景に在るものは「水」に象徴される太極にほかならない。取り分け、その皇位に百パーセント甘んじていなかった女帝達は、その不足の「徳」を満たすべきものを「水」に求めて、その取得、取り込みに心を砕いている。

中でも皇極（斉明）、持統、二帝の治世は、正にその「水」の呪術的取得の世代であった。孝謙天皇（重祚して称徳）の治世の方法は、専ら中国の則天武后のそれの踏襲であるが、それとても父、聖武帝の愛娘の行く末を案じる呪術の中に「水」は多出する。

孝謙天皇の後、約八百年後、徳川期に至るまで女帝は不在である。これは朝廷と幕府間相互の軋轢の結果、社会事情からの異例の事態によることで、事実上の女帝は、孝謙（称徳）を以て、一応、終止符が打たれたのであった。

八百年間の女帝不在は、中国のその不文律がそのまま受け入れられた証拠であって、絶対的存在の天皇の本質が、現実の相対的存在に取って替えられた結果である。

彼女は中国唯一の女帝、武則天にならって、その年号を四字とし、その文字は幸慶に溢れたものを撰んで、「徳」を補うことに力をつくしている。

にもかかわらず先代聖武天皇と皇后光明子との無理に無理を重ねた治世の余波、および自身のこれこそ本当の意味の不徳、道鏡事件や社会情勢の不徳が重なって、日本の女帝はこれ以後、事実上、消滅する。

そこで本書が推理の対象としたのは主として、推古、皇極（斉明）、持統の三女帝で、それぞれに強力な個性の持ち主。いずれも日本歴史上、稀にみる存在感に溢れた彼女達の在り様から、逆に日本の天皇の男帝主流に移行するその経緯が窺われるのである。

I　原始日本社会の女性上位

第一章　祭祀面女性上位

一　日本の蛇信仰

世界各原始民族は殆ど例外なく蛇を祖霊、即ち、祖先神として信仰したが、それは一説によればエジプトにおこって東西に伝播し、東方の場合は、インド・極東・太平洋を経てアメリカに達したという。

エジプトでは毒蛇コブラは「火」「日輪」のシンボルで、その造型は太陽神や王たちの冠と額を飾り、また神の光り輝く目は、コブラと同義であった。

インドでもコブラの神霊化が、「ナーガ」となって、ヒンズー、仏教に深く影響し、蛇の脱皮は、永世・復活・浄化のシンボルとされた。（以上は、J・ヘイスティングス編『宗教倫理学大百科事典』「蛇信仰」要約）

このように、「蛇信仰東方伝播」のはるかな道程のなかに日本列島も在る以上、日本に蛇信仰が顕著であるのは当然で、少しもふしぎではない。

しかし蛇は祖先神として崇められるだけではなく、たとえばキリスト教では、性を人類の祖先に教えた蛇は諸悪の源、原罪をつくったものとして邪悪の権化と見なされ、多くの聖画の構図にみられるように天使の足は永劫に蛇を踏みつづけている。

こうして蛇は祖先神として尊崇されるか、敵として足元に踏みにじられるか、そのいずれかであった。万物の霊長として自らを深く恃む人類が、何故この蛇に関する限り、一歩も二歩もゆずって或いはこれを祖先神として信仰し、或いは最大の敵として関心を寄せずにはおられなかったのか。蛇への敵視も、これを裏返せば畏れに発しているものと考えられ、所詮、人類の蛇に対する思念の深さを裏書きするものにほかならない。このような現象の原因は一体何であろうか。

カール・セーガン著『エデンの恐竜――知能の源流をたずねて――』によれば、

「人類は生物進化の最終段階にいるが、そうした人間の脳の中には、当然、その進化途上の各段階の生物であった時の部分もくみ込まれている。つまりR（爬虫類）複合体とよばれる脳の一番奥の部分は恐竜の脳の働きをしている。それを取まく大脳縁辺系は、哺乳類の祖先との共有であり、更に外側の新皮質は霊長類としての人間の理性を掌る。人間が人間たり得ているのは、脳の八五パーセントを占めるこの新皮質のおかげであるが、しかもなお脳はこの三位一体で構成され、根本的には三者の力のバランスの上に成り立っている。」（傍線筆者）

という。つまり人間の脳の中には明らかに恐竜という古代生物が生きているのである。まことにショッキングなことではあるが、これは動かし得ない事実であって、著者は、「竜（爬虫類）をこわがるとき、われわれは自分の一部をこわがっているのだろうか」と問いかけている。

蛇その他の爬虫類に対して人類が懐きつづけて来た崇拝と嫌悪、或いは畏怖は、私どもの脳の最奥部に潜む恐竜に由来するのだろうか、それは人類の遠祖であると同時に、もっとも恐ろしい敵でもあったのである。

蛇をはじめとする一群の爬虫類に接するとき、このように畏れとも嫌悪ともつかないある種の反応を人は覚えずにはおられない。このような反応は、上述の理由によって一種の先天的反応と考えられ、億単位の進化の時間の彼方に厳然としてひかえている事実に由来する。

このような先天的なものに対して、これとは次元を異にする反応、つまり現実にみる蛇のうねうねと蛇行する姿、四肢のない形、大きく開けた口で獲物を丸呑みにする様子、そのような蛇の生態からひきおこさせられる反応はいわば後天的の反応とでも名づけられようか。

こうして先天・後天入りまじり、蛇は人類に複雑錯綜した思念を与えつづけて来ている。

しかし後天的反応といっても、その根底にあるものは先天的反応であって、それあっての上での後天的反応である。

しかもなお、爬虫類、とりわけ蛇から与えられる一種の反応を先天的のそれから引き離し、現実の蛇の生態からひきおこされる日本人におけるその反応をみなければならない。

蛇が根深く、且つ広汎に活躍している日本の神話、信仰、民俗の実相を見究めるためには、蛇の生態に対する古代日本人の反応を見、そこから出発することが必要と思われる。

しかしこの蛇の生態については既刊の拙著『蛇』をご参照頂きたい。

蛇に対する思いは縄文時代に限ったことではなく、その後も表面からかくされながら命脈を保ちつづけ、地下水のように日本文化の諸相の底を縫って流れ、現代に及んでいる。粗野から洗練へ——他のあらゆる日本文化が辿ったと同じ筋道を蛇信仰もくり返し、より優雅なそれへと移行してゆくのである。

それではこの単純素朴な縄文人が蛇によせた情熱、信仰にまでたかめられたその思いの源はどこに求められるのか。換言すれば蛇の生態の中でどこがもっとも彼らに訴えるものだったのだろうか。おそらくそれはズバリいって、まず次の三点ではなかったろうか。

①その外形が男根に相似。　(生命の源)
②一撃の下に敵を倒す猛毒。　(祖霊には強さが不可欠)
③脱皮による生命の更新と永生。　(永遠性への憧れ)

①について

爬虫類、ことに蛇・亀の頭部は男根に相似であり、とりわけ、頭から尾に至るまでが一本棒になっている蛇は、神聖な神のそれとして受け取られる。蛇から性への連想の度合いは、古代にさかのぼるほど露わで激しい。性に対する憧れ、崇拝、畏怖、歓喜、それらが凝集して神与のものと考えられ、その象徴が蛇として捉えられる。その意識がそっくり蛇の造型となって具体化される。縄文土器の蛇がつねにあらあらしく躍動し、生命力そのものとみえるのは、蛇によって象徴されるものが、縄文人の性に対する情念そのものだからであろう。

②について

蛇が信仰の対象になった要因には、毒蛇の強さというものも考えられる。食物獲得のため不断に山野を跋渉する人々にとって毒蛇、蝮は最大の敵であった。強敵故にこれを神として信仰し、その霊力の分与を願うのは自然の理であろう。毒蛇、ことに蝮のもつ強い生命力、及びその繁殖力もその信仰の対象となるが、これは蛇の形態の男根状が信仰の要因となったこととも重なり合ってくる。

③について

蛇を信仰の対象とした古代日本人は、蛇の脱皮こそ蛇に永生と新生をもたらすものとして多大の関心をよせたと思われる。脱皮した蛇の生まれ変ったような新鮮な美しさ、その新生の美は彼らの心を捉え、彼らは目をこらしてこのふしぎな現象を見守ったに違いない。そうして自分らにはないこの脱皮の現象を、何らかの形で真似し、擬こうとする。その揚句が神祭の中にこの真似を取込んで、ミソギ（身殺ぎ）としたと私は推測する。ミソギこそは古代の日本哲学の基本である。

私どもの祖先は蛇のこの脱皮を謙虚に擬くことを以て至高の宗教行事とした。古語で毛を含む表皮一般は「ケ」なので、脱皮は「毛脱《けぬ》け」といった。そこで日本神道の根幹にあるケガレ、ミソギ、ハライ、ハレはこの脱皮の一連の経過を指す語と私は思う。つまり、毛離《けが》れ、身殺《みそ》ぎ、払《はら》い、顕現《はれ》、であって、一方、日常性を示す「ケ」とは、表皮の中にこもっている期間のことである。本来は即物的な脱皮の経過をさす語が、穢れ、禊ぎ、祓い、に移行するのは、抽象的観念がそれまでの素朴な宗教行事の中に導入されて以後のことであろう。

以上三点のほか、古代人が蛇に注目したのは、

④マブタがないため、開き放しの目が、光の源泉として捉えられたこと。

⑤獲物をかまず、一呑みにする。これを彼らは蛇呑《かかのみ》として注目した。

これらの点も迫力を以て、彼らに感得されたのである。

蛇信仰の問題は、これら蛇の徳性を基幹として各民族毎に独得の発展が見られ、更にその民族の内側においても時代を異にすればまた別の展開をすることにある。この列島でも、縄文・弥生・古墳と時代を経るにつれ、蛇信仰は、内容・形態の両面に亘って変化し、終始一貫しているものではない。

即ち、男根状の蛇を、生命・人間の起源と観じた縄文人は、この蛇を祖霊・祖先神として信仰し、その情熱の赴くまま、自由奔放に彼らの祭祀土器・土偶にその姿を造型し、この傾向は中期において特に著しい。

しかし稲作民族としての弥生人になると、蛇の神格には、祖霊のほかに穀物神・倉稲魂《うかのみたま》という強力な神霊が付加されてその信仰は更に普遍的になって行く。

つまり鼠の天敵の蛇は、稲・田圃・倉を護る穀物神となるので、祖先神を兼ねるこの蛇の信仰は、一見、縄文のそれより劣るように見えながら、その勢いは一時期には列島を完全に覆いつくしていたと思われる。こうして、縄文を凌ぐものであったにもかかわらず、何故かその影がうすく見えるのは、弥生人のセンスのしからしむる故であった。

縄文人の直接型に較べ、弥生人の蛇信仰の型ははるかに間接的だった。

つまり蛇に見立て得るものでさえあれば、それが自然物、人工物たるとを問わず、大胆、且つ自由にそれを祖神の姿に見立てて信仰し、利用したのであった。

自然物では、山・川・道・樹木・蔓植物など、人工の物としては家屋・布・箸・櫛・梭《ひ》など、実に数多くのものが蛇に見立てられた。

その状況は既刊の拙著、『蛇』『山の神』『日本人の死生観』『扇』などにおいて、触れているので、参考にして頂ければ幸いである。

本稿で扱う蛇は、この祖先神であると同じに穀物神でもある弥生以降の蛇であり、特にいま言ったような「見立て信仰」の蛇である。

2 「性」と祭

前述のように蛇が原始各民族によって信仰された理由は、形状が男根相似、強さ、脱皮の三点に要約されるが、取分け重要な点、換言すればその根本義は、その形状にあった。

人間の欲望の源泉は、個体維持に基づく「食欲」と、種族維持の願望に拠る「性欲」の二つである。

日本の場合「祭」とはその多くは神をよろこばせ、その見返りとして人間の生活の無事安寧を祈求する一連の行事を指す。

とすれば、人間としての彼ら自身の在り様から類推して、神のよろこびも人と同じ、即ち、「祭」の真意、要諦は神の食欲と性欲を満足させることにあり、それはそのまま、現実の「祭」につながって、特に後者のためには「人身御供」が不可欠とされたと思われる。しかしこの古儀の祭にやがて変化がやってくる。

私見によれば、天武朝（六七三―六八六）の宗教改革の結果、日本の祭を代表する二大祭祀、「大嘗祭」も「伊勢神宮祭祀」も共に古代中国哲学に則した、北辰の神々の祭祀となったが、そこで重視されたのは神に衣食を供すること、取分け「神膳の供進」がその中心であった。もちろんその中には「性」をうかがわせるところも当然みられるが、それは主として古儀をのこす「御禊の儀」においてであって、大嘗祭の中枢をなす「ユキ・スキの供饌」に「性」は殆どみられない（拙著『天皇の祭り』ご参照）。

天武朝以後約千五百年間、日本の祭祀の中から姿を消した「性」は、同じ天武朝に企画された『古事記』『日本書紀』の神話の中の主要女神たちの死においてのみ、間接的、且つ微妙な表現のうちに物語られることになる。

3　女神達の死

①イザナミの場合

夫神イザナギと交わって多くの国々を生んだ末、火神カグツチを誕生させたばかりに、女神イザナミはその陰を灼かれ、傷めて亡くなってしまう。この事件を契機に神話の筋は大きく展開、発展し、これは日本神話の一つのハイライトである。

火神カグツチは、『古事記』によればその本名は「炫毘古《カガヒコ》」。

「カグツチ」の原意が「カガヒコ」という以上、その元の意味を推理する必要がある。

何故ならば「カガヒコ」とは恐らく「カカヒコ」であって、ここにかくされている重要な語は「カカ」である。

「カカ」とは何か

『古語拾遺』（斎部広成撰・八〇七年）に「古語に大蛇を羽羽という」とみえるが、この「ハハ」はH音とK音の子音交替により、容易に「カカ」となる。詳細は拙著『蛇』（四三頁）をご参照頂きたいが、「カカ」は今も「カガチ」「山カガシ」として生きている言葉である。

「ヒコ」は男性の尊称故、「カカヒコ」、転じて男性の尊称故、「カガヒコ」とは「蛇王子」「蛇神」とも解される。

女神の陰に関連して蛇がここに顔をみせ、そのことが女神の死につながっている点が見逃せない。

②アマテラス大神の場合

『古事記』によると、「ウケヒによって自身の正しさを証明し得たとしたスサノヲ命は、図にのって高天原で暴れまわる。ついに天上の機織場に逆剝ぎした馬を投げ込むが、それに驚いた織女が、梭でその陰を衝いて死んだ。それまでは弟の悪業もいろいろ善い方に取り成して来たアマテラスも、ついに堪え切れなくなって天の岩屋戸にさしこもってしまう」ということである。

しかしこの同じ場面を、『日本書紀』本文は、

「この時に天照大神、驚動たまひて、梭を以て身を傷ましむ」

と記す。

恐らく『記』は事が余りにもそのものズバリなので、事実を薄めて記したまでであって、真実は『紀』が伝えているように梭を陰に衝き立てたのはアマテラス自身なのであった。そうしてそれに

つづく「岩戸がくれ」を、アマテラスの死の暗喩とすれば、大神は陰を梭で衝いた揚句、死なれたわけである。

しかし大神に死は似合わないので、種々の趣向がこらされて、アマテラスは再生することになるが、陰の損傷によって一度びは死ぬ。神話作者の意図はここにつきるのである。

③ヤマトトトヒモモソ姫の場合

この姫は蛇神として有名な三輪山の神、大物主の神の妻である。大物主は夜毎、姫の許に通ってくるが、姫はその姿をはっきりみたことがない。そこでその姿をみたいというと神は明朝、姫の櫛の箱のなかに潜んでいる、とのことなので、云われた通り、櫛の箱を開けると、そこで姫のみたものは、蛇であった。驚きの余り、姫は箸を陰に突き刺して亡くなった。人々は姫の死を悼んで巨大な墓を築いたが、これが今の箸墓である、と伝えられている。

4 箸・櫛・梭の推理

①箸

古代の箸は竹を撓め上部を植物の繊維で縛ったものであった。それ故、たとえばスサノヲノ尊が肥の川を遡って行ったとき、上流から箸が流れて来たので川上に人がいると思って川に沿って上って行ったという話も首肯できるのである。いまの箸なら、たった二本の棒切れに過ぎないから、水中では取分け、別々になってしまって、とても判別は出来ない。スサノヲが「これは箸だ」と思われたのは、それが明らかに箸の形をしていた、つまり、放物線状だったからである。

②櫛

現代の櫛は横櫛といって横に長いが、古代の櫛は縦櫛で、箸と同様に放物線状である。

③梭

梭《ひ》は、機の緯糸を通すのに用いる器具で、舟型をしている。尖が多少とがっているので、箸や櫛ほど放物線状とはいえないにしても、この三者の形は、互いに似かよっている。

箸・櫛・梭の三者に共通するものは放物線状のその形である。物の少なかった古代、手近にあって蛇を暗示するにふさわしい形をしたこれらのものは、神話作者にとってまことに貴重だった、そこで神話の中に何度も顔を出すことになる。

まず「櫛」であるが、蛇神として聞こえる三輪山の神が、その本来の蛇の姿をむき出しにしたのは、モモソ姫の櫛笥、つまり櫛の箱の中であった。

ということは、櫛が暗喩を好む神話作者によって、蛇に見立てられていたということになろう。そうしてこの櫛とセットになるものが、「箸」で、夫の真の姿をみておどろいた姫は、箸で陰を突いて亡くなった。古代の箸と櫛はよく似ている。

この櫛と箸のセットは、ヤマタノヲロチ神話にも登場する。出雲を放浪中のスサノヲは、川を流れる「箸」をみて人の存在を確認し、その上流でクシイナダ姫にめぐり合い、ヲロチから姫を救うことになるが、そのスサノヲがヲロチとの決戦に臨む際、髪に挿したものは、クシイナダ姫を、「取り成した」ところの、「櫛」であった。

姫の両親は、手名椎《テナツチ》、足名椎《アシナツチ》。これを私は足無《アシナ》の霊《ツチ》、手無《テナ》の霊《ツチ》、とよむ。「チ」とは原始的霊格をさし、ヲロチ・カガチなど、蛇には特によく使われる。また手足がないのは蛇の特徴なので、四肢のない神霊とは、要するに蛇であろう。蛇の子は蛇、クシイナダ姫は蛇である。その姫が「櫛」と化《な》る以上、櫛もまた蛇の筈で、日本神話のこの場面でも箸と櫛はセットになっている。鼠を好んで捕食する蛇は鼠の天敵故、クシイナダ姫は稲田の守護神であって、稲田を守る霊蛇として、「奇稲田姫」と『紀』には記されることになり、これは後に姫の父、足名椎が、スサノヲから「稲田宮主」の名を贈られることに対応する。

この姫を『記』は「櫛名田姫」と記すが、そのどちらとても、この姫、及びその一族は祖神の蛇に仕える蛇、即ち人間にして蛇であるところの「蛇巫」であった。それ故にヲロチに年毎におそわれ、姫の姉たちはその生命を失ったのである。

或いはまた、往昔、伊勢大神に仕える斎内親王が都を去るとき、天皇は親しく皇女の髪に櫛を挿して、「再び、都に帰り給ふな」の言葉と共に、これを永別のしるしとされた。

皇女の仕えるこの伊勢大神こそ実は蛇神という伝承がある。

「伊勢神宮の滝祭りの宮は、いまこそ五十鈴川畔の手洗場の側らに、石だけが祀られている神社であるが、古来、重要な祭りに先立って祀られる社で、鎌倉時代は、場所も対岸にあって、この神こそ天照大神の前身とされている。その理由については、天照大神の神徳を五十鈴川の川水に祀るともいい、また鎌倉時代の『坂十仏参詣記』によれば、水底におられる竜宮がご神体ともいう。同じく鎌倉期の『扶桑略記』には、伊勢斎宮の夜毎の蛇神との同床が伝えられ、荒木田神主家の伝承にも天照大神は蛇で、斎宮はその后である。そのために斎宮の御衾の下に、朝毎に蛇のウロコが落ちている、とみえている。」（西野儀一郎著『古代日本と伊勢神宮』より要約）

要するに斎内親王は夜毎に蛇と交わるべき蛇巫であって、髪に櫛を挿すことによって蛇と化《な》りえたのであるが、斎内親王の本質はアマテラスのそれをそのまま引きつぐものである。とすればアマテラスこそ最高女蛇巫であったはずである。

以上を要約すると神話に登場する箸・櫛・梭の三者は、いずれも蛇の頭部に相似で、その作用も神話の筋立てのなかで櫛を媒ちとして共通している。古代の祭祀では今日の常識を超える残酷なことが行なわれ、蛇巫の胎内に蛇を入れ、それが彼女らを死に至らせた、その暗喩を荷っているものが、この小さな「物」たちと思われる。

二　蛇巫・女王卑弥呼

1　鏡を好む卑弥呼

三世紀中葉、邪馬台国に君臨した女王、卑弥呼について『魏志倭人伝』は、「三十余りの国がその統治下にあり、魏に使者を遣わして、明帝（二二七―二四〇）から「親魏倭王」の称号を贈られた」と記している。

その際の使者、難升米《なしめ》は女王の朝貢として男女の生口、布帛類を献じた。魏帝はこれを嘉納し、使節らの遠路の労をねぎらい、見返りとして、錦・絹・黄金・刀・銅鏡百枚・真珠等を賜与したが、その詔書は次のように締めくくられている。

「還り到らば録受し、悉く以て汝が国中の人に示し、国家汝を哀れむを知らしむ可し。故に鄭重に汝に好物を賜うなり」と。

魏の皇帝の卑弥呼に対する賜与の品々の中、もっとも注目されるのは、「銅鏡百枚」であるが、この件については次のような記述もみられる。

「魏王から（卑弥呼へ）の贈物のうちで、とくに注目されるのが、銅鏡百枚である。銅鏡百枚というのは、正しく百面であったかもしれないが、とにかく多数であったことは確かである。異国への賜物として、鏡を百面も賜ったということは、魏志の東夷伝の他の国についての記事をみても、全くないことであって、ただ、倭国の条にだけある。しかも、記録によると、魏から倭へ鏡が贈られたのは二回であり、最初は百枚といっているが、二回目のときには、鏡の枚数は記していない。したがって、記録の上でも、百面だけではなかったことが明らかである。

しかも、わが国の古墳からは多数の鏡が出土しているので、倭人の鏡に対する異常な趣好のほどが知られるのである。……」（樋口隆康「卑弥呼の銅鏡百枚」中央公論社『歴史と人物』昭和五十三年九月）（傍線筆者）

樋口教授は、とかく尊大を以てきこえる中国の皇帝が、卑弥呼の願いを容れ、当時、中国においても貴重品だったはずの鏡を下賜された様相を詳細に記しておられる。

その鏡に対する倭人の異常なまでの好みの根底にあるものが、倭国を蔽いつくしていた蛇信仰であったと私は推測する。

2 「鏡」をカカミと訓んだ倭人

邪馬台国の所在、卑弥呼に贈られた鏡についての諸家の意見、それらの論争は今もなお盛んで、その最終的結論は見出されてはいない。

このような状況の中で判然としていることは只一つ、それは鏡がこれほど論議の対象とされながら、何故、倭人が鏡を「カガミ」と訓んだかについては少しも問題にされていない点である。恐らく鏡が倭人によって訓まれた意味が解明されれば、倭人にとっての鏡の意義の把握が可能となり、問題解決の一つの糸口となると思われる。

『和名抄』（我国最初の漢和辞書、源順による。九三一―九三八撰進、倭名類聚鈔の異称）には、「鏡、加々美」と見え、古くは濁らず「カカミ」であったことが知られる。原意には、濁りがなく、「加加」であったことが重要である。

「カカ」は「ハハ」と共に蛇の古語である。取分け、カカは、山カカ、山カガシ（カガチ）は青大将の意味で、今も生きている蛇を意味する言葉である。

「カカ」は発音し難いので、山カガシのようにすぐ濁音化するが、本来はカカである。

それならば「カカミ」の原意は「蛇見《かかみ》」と考えられないだろうか。

3　「鵜呑み」と「蛇呑み」

マブタがないために蛇の目は開き放しであるのが特徴で、その結果、光るもの、光の源泉として捉えられた。

この蛇の目の作用を、倭人は鏡のそれに重ね合わせて、鏡を「蛇見」と訓んだのではなかろうか。

同じく蛇の生態に由来すると思われる語に「カカ呑み」即ち「蛇呑み」があり、『大祓祝詞』の中にみられる。これは獲物を一呑みにする様相に基づくが、従来の学説は蛇などに無関心で、単にものを一息に呑む際の、「擬音」として片付けている。

しかし、『大祓祝詞』のような神道の根幹たる文中に在る重要な語が、単なる擬音であるはずがない。

次にその本文を掲げ、「カカミ」の傍証として検討したい。

大祓祝詞の全文は長いので、その前段は省略するが、その前段の大意は、

「高天原の皇祖神は皇孫を降臨させて、豊葦原の水穂の国を治めさせられた。そこにはいろいろな罪禍が出て来たので、ここに祝詞を奏上する。神々はこれをきかれるであろう」

というのである。そうして後段は以下のようにつづく。

「かく聞こしめしては皇御孫の命の朝廷を始めて、天の下四方の国には、罪といふ罪はあらじと、科戸の風の天の八重雲を吹き放つ事の如く、朝の御霧・夕べの御霧を朝風・夕風の吹き掃う事の如く、大津辺に居る大船を、舳解き放ち、艫解き放ちて、大海の原に押し放つ事の如く、彼方の繁木がもとを、焼鎌の敏鎌もちて、うち掃う事の如く、遺る罪はあらじと祓へたまひ清めたまふ事を、高山・短山の末より、さくなだりに落ちたぎつ速川の瀬に坐す瀬織つひめといふ神、大海の原に持ち出でなむ。かく持ち出で往なば、荒塩の塩の八百道の、八塩道の塩の八百会に坐す速開つひめといふ神、持ちかか呑みてむ。かくかか呑みては、気吹戸主といふ神、根の国・底

の国に気吹き放ちてむ。かく気吹き放ちては、根の国・底の国に座す速さすらひめといふ神、持ちさすらひ失ひてむ。かく失ひては、天皇が朝廷に仕へまつる官々の人等を始めて、天の下四方には、今日より始めて罪といふ罪はあらじと、高天の原に耳振り立てて聞く物と馬牽き立てて、祓へたまひ清めたまふ事を、諸聞しめせ、と宣る。」（傍線筆者）

大祓祝詞の主旨は、「ものすべてを吹きなびかせる風、落ちたぎる水、川の流れと海の潮がぶつかり合って渦巻く水門、それらの風、水、潮という大自然が織りなす勢いに乗せて、諸の禍い、罪穢れを根の国・底の国に追放してしまおう」というものである。たたみかけてくるその修辞は、リズミカルな声調と共に古代文学の白眉とされている。

大祓祝詞は、風の動き、水の流れ、潮の渦を、克明に見ていた古代人の心象風景にあるものが、このような表現となって見事に定着させられていると見るほかはない。

さらに祝詞のこの条にあるものは、それら自然だけではなく、舟・鎌などの人工の物や道具と、それらを操り、使う人の力もうたい込められ、また、瀬織津姫、速開都姫、気吹戸主等の水の神々も活躍する。

とりわけ注意されるのは速開都姫であり、この神には「もちカカ呑みてむ」といって、罪禍を一呑みにしてしまうことが期待されている。この速開都姫は『古事記』では、水門の神、速秋津日子、速秋津比売の男女二神として記され、河と海とを分掌している。

河の水が潮と落ち合って渦巻くところ、水門の渦潮にはものを悉く吸い込む力がある。その潮の渦巻く水門に、古代人が見たものは蛇のイメージではなかったか。その水門の神には諸悪を「カカ呑みてむ」という期待が持たれたが、この「カカ」は一般に「ガブリ」と呑む擬音と解されているが、蛇と同様に、鵜もそのとった獲物を丸呑みにする。そこでおそらく「カカ呑み」はこの「鵜呑み」に対応する言葉であろう。「カカ」は蛇の意であって、「蛇呑み」という古語があったことが推測される。この名詞の「蛇呑み」は、動詞化され、「蛇呑む」となった。願望を表わす助動詞「てむ」は、動詞の連用形を承けるから「カカ呑みてむ」の言葉となる。

蛇の多くの生態の中でも、特筆に価することは、アゴが上下に外れ、その口が一二〇度―一八〇度、略一直線に開き、頸の直径の十五倍程のものを呑みこむことが出来るということである。しかも獲物は噛まず丸呑みにするのである。

大祓の祝詞によって希求されているところのものは、諸悪の消去絶滅である。その実現のためには、大きなものを一挙に丸呑みにする蛇の威力にまさるものはない。その威力を借りることによって、諸悪を瞬時に呑み込ませようとするのである。古代日本人は言霊を信じた。願望を言挙げし、唱い上げれば、それはかなうものとされた。「カカ呑みてむ」は蛇の生態から古代人によって捉えられ、撰び用いられた諸悪消去のための呪術語である。

蛇は冬眠のために地下にもぐるものでもある。このような生態をもつ蛇に呑まれた諸悪は、その追放の最終目標である根の国・底の国にいよいよ近づく。大祓祝詞のこのような構成の背後にあるものは、古代日本における強固な蛇信仰であり、その実相を表層にわずかにのぞかせているものが、この「カカ呑みてむ」ではなかろうか。

4　「蛇呑み」と「蛇見」

獲物をかむことなく一呑みにする蛇の生態が「カカ呑み」という名詞を生み、重要な祝詞の中に使われているとすれば、同様に開き放しの蛇の目の生態、即ちその作用が「カカ見」という言葉に熟して定着し、「蛇の目のように物を見ること」、更には「蛇の目のように物を見るもの」、「同じく物を映すもの」となって行くのも自然な成行きではなかろうか。

拙著『蛇』（一九七九年刊）において、私は中国伝来の「鏡」が古代日本人によって「カカミ」と訓まれた理由を、鏡が彼らによって「蛇の目」つまり「カカメ」として捉えられたので、「カカミ」はその転訛であろうと考え、その理由を次のように推理した。

まず鏡は舶来品で、最も貴重な宝物であった。そうして円形で光り輝き、しかもその背面は二重に縁どられていて、いわゆる「蛇ノ目形」をなし、その上、大部分は凸面鏡であった。

- 宝物としてのその稀少性
- 円形で光り輝くもの
- 二重の輪で縁取られていること
- 鏡全体が丸味を帯びていること

このような特徴によって鏡は、蛇の目の模擬物としてこの上ない諸条件を備えているものとみなされ、信仰の対象、至高の宝器にまで高められて行ったのである。

「鏡」が当初から「カカミ」と訓まれていたのか、或いは「カカメ」の転訛なのか、私自身、今も尚、判断出来ないでいる。

鏡はその形状から蛇の目に相似で、その作用もまた、常時、開き放しの蛇の目と、鏡のそれとは同じであって、鏡を「カカメ」の転訛としての推理も成り立つ。

蛇の目の作用と、鏡のそれとを重ね合わせることもまた可能である。

元来、「見る」は「目」を母語とする動詞なので、「カカメ」と「カカミ」を分けて考えることは無用の詮索とも思われる。

そこで判然《はっきり》言えることは、要するに「カカメ」も共に蛇の目の生態が「鏡」の形、及びその作用に重ね合わせられてのことで、転訛にせよ、直接の呼称にせよ、元は一つである。

只、「カカメ」或いは「カカミ」が、後にその発音の容易さから、「カガミ」となったとき、これを容易に「影見」と解釈されるに至ったのは、いかにも残念なことである。

「影見」では、蛇は完全に消えてしまい、「鏡」に対する倭人の情熱はそこからは引き出せない。カガミ、即影見とは余りにも安易な推理である。「鏡」はどこまでも、祖霊、蛇との関連において、これを捉え、取り扱わなければならないものと考えられる。

5　墓の主を守る鏡

ところで魏の皇帝は数々の貴重な品々を卑弥呼の使者に托したが、その際一つの条件をつけた。即ち「その悉くを記録し、これをそっくり汝の国中の人に示せ」という詔書の締めくくりがそれである。

卑弥呼は忠実にこれを実行し、傘下の首長らに、この鏡を分ち与えた。それが各地の古墳から出土する魏の年号入りの三角縁神獣鏡である。

詔書に見られる「汝の好物」は特にこの鏡を指している訳ではないが、百枚もの鏡に匹敵するほどの財物は、この賜与の品々の中には見当らない。とすれば、「汝の最も好むものとして百枚もの鏡を特別に賜うのである」と解するのが自然であろう。

如何にも恩着せがましい皇帝の言辞であるが、魏にとっても百枚の銅鏡の賜与とは、経済的にも労力の点からも、生易しいことではなかったはずで、当然といえば当然である。

卑弥呼も恐らくこの貴重な鏡を首長らに配布するに当っては、それにもまさる恩沢強調を行なったことだろう。

そうしてこの鏡の配布にあずかった首長らは、これを惜しげもなく、その死に際しては自身の墳墓に副葬させた。いうまでもなく、死後の自身の身の安全の為に、である。

鏡面の裏に鋳出された神仙世界の哲学が、死後の世界の安全を保証すると考えたのではなく、それは何処までも祖霊の蛇の目、或いはその作用が、鏡に重ね合わされたためである。瞬時も中断することなく、開き放しで外界を見る蛇の目、その蛇の目を象徴する鏡は、その蛇の目と同様に片時も休むことなく外界を照射しつづけ、一切の禍い、外敵からその墓の主を守る呪物と考えられたのである。

6 鏡と剣

蛇信仰一色であった列島において有力な首長達の墳墓には、その祖霊との合一、祖霊の国への再生、祖霊の守護の希求等、様々の期待が込められて数多くの鏡が副葬された。

しかし鏡だけではなく、それと共に剣もまた主要な副葬品であった。

天皇の位のシンボル、三種の神器の中でも取分け主要なものは、鏡と剣である。

鏡は蛇と深く関わるが、剣もこの点で鏡に劣らない。

日本神話の中で活躍する蛇のうち最も著名な八俣大蛇の尾から出現したのが、この神器の一つ、天叢雲剣である。

手足がなく一本棒の蛇にとって、その尾こそ四肢も象徴するから、尾から出現した剣は正に大蛇の精髄そのものといえる。

この尾に対して、目は頭部を象徴するから、その目、或いはその目の働きを象る鏡は、剣と一対となって、ここに完全な呪物の蛇を形成する。古墳に剣が数多く副葬される所以である。

しかし頭と尾を比較すれば、より尊いのは頭である。その象徴としての鏡は呪物の第一位におかれ、剣はこれに亞《つ》ぐものとして意識されたはずである。鏡がこうして第一呪物として定着したとき、倭人の首長、卑弥呼は、中国への朝貢毎に鏡の賜与を何物にも勝って熱望したのであった。

7　卑弥呼の鬼道

卑弥呼の宗教活動について『魏志』は「鬼道に事へ、能く衆を惑はす」と記している。

この鬼道とは「道教的シャーマニズム」と解され、卑弥呼は鏡面に鋳出された神仙世界についての意味についての知識もあったと推測されている。

しかし真相はこれと異なり、あくまでも未開人としてしか中国人の目に映らなかった倭の女王、卑弥呼の行なう神託、その他の宗教行事は、鬼道の名で総括するほかなかったのではなかろうか。

そうしてその女王による呪術が人民によってよく受け入れられ、人民がそれに対して熱心であればあるほど、更にその効果が上っていればいるほど、彼らの目にはその現象は奇異とさえ見えた。それが「能く衆を惑わす」という表現に落ち着いた、と思われる。

もし卑弥呼の呪術、いわゆる彼らのいう鬼道が、彼らの国の神仙思想に基づく何かであったなら、「衆を惑わす」というむしろ負の表現は使われなかったはずである。

倭人どもは何かよく判らないことをやっている。そして、それが彼らにはよく納得されている。

何ともふしぎだ、こんな程度の気分がこの表現から窺われる。

むろん女王に対しては、中国人によって鏡に鋳出されている神仙世界の説明もなされていたに相違ない。しかもなお、そこには竜蛇の姿も刻され、十二支の巳も含まれている。解釈はどのようにもされて、鏡を「カカミ」と呼んだ彼らによって、鏡はその信仰の根を支える重要な呪物となって行ったのである。

鏡に最初に接したときの倭人の感動、即ち鏡は蛇の目、或いはその働きにそっくりと感じたのが鏡に対する倭人の先入主である。

その先入主は先入主として倭人の中に根強く残り、その好尚は魏の皇帝にも伝えられて百枚の鏡の賜与となったものと思われる。

8　中国説話の蛇の目と鏡

大蛇の目に見立てられた鏡の話は中国の説話にもみられる。

『捜神記』（晋・干宝著、紀元四世紀）巻十九には次のような話が記されている。

「東越の国、閩中郡（福建省）の山中の洞穴に大蛇がいて、毎年、八月一日に十二・三歳の少女が人身御供となり、既に九人が生命を落していた。十年目になったとき、ある人の六人姉妹の中の末娘が自ら犠牲になることを申出て、剣と犬を携えて蛇の穴の前に坐った。そうして穴の前には米の団子をおいた。蛇は穴から首を出したが、その頭は米倉ほどもあり、目は直径二尺の鏡のようである。蛇がその団子を食べはじめたので、娘が犬を放つと犬は蛇にかみついた。そこを娘が剣で蛇を仕留め、穴の中をみると九人の娘のドクロが見つかった。越王はこの娘を后とし、娘の父を知事に任命した。その後、東越の地には妖怪は出なくなったという。」(竹田晃訳『捜神記』東洋文庫所収、平凡社)(傍線筆者)

この話をよんですぐ気づくことは、その筋立てが八俣大蛇神話に酷似しており、この閩越(福建省)の古伝承が八俣大蛇の源流と思われる点である。取分けその大蛇の目が、大鏡に譬えられているところは注目に価する。

『記紀』撰上は八世紀初頭。『捜神記』収録の説話類は、四世紀よりはるかに以前のものも多いはずである。呉越と古代日本は深い関係があって、この蛇の目を鏡に譬えている大蛇退治の原話も、稲作や鏡を日本に持ち込んだ人々によって、『捜神記』を俟つまでもなく、より早い時代に日本に入っていた可能性がある。「鏡」を、カカミとよんだ人々はおそらく神話記述者よりもはるかに遠い昔の人であったかも知れない。鏡を蛇の目に重ね合わせることは、既に中国においても行なわれていたのである。

9　蛇巫卑弥呼即女王卑弥呼

卑弥呼は「鏡」を「蛇見」と呼び、鏡が蛇の目と同じ作用をする、と感じていた倭人の女王である。

卑弥呼が鏡を珍重したのは当然で、これら一連の鏡に関する事実は、彼女が蛇巫であることを裏づける。

古代日本の蛇巫の本質は、祖神を祀り、その神託を司政者に伝え、実行させることにあるから、それが国であれ、村であれ、常にその場における最貴最高の存在で、国の場合はその地位は女王となる。

『倭人伝』にも、卑弥呼の下に「男弟あり。国を佐け治む」と見え、祭祀者・卑弥呼が最高主権者であったことが知られる。

沖縄の村落の根所の組織も、根神を女姉妹・根人を男兄弟とし、女性上位である。

『常陸風土記』のヌカヒメ・ヌカヒコの伝承も、蛇巫としてのヌカヒメの上位をうかがわせる。

前述の主要女神の在り様も、また彼女らが女帝であったことを暗示している。但し日本神話はその筆録時に中国思想を大幅に採り入れているので、その点は十分考慮する必要がある。

しかし中国文化に如何に影響されようと、こうした根強い伝統の故に、女帝は日本に輩出したが、時代の推移と共に、中国における女帝皆無の原則の道理は次第に浸透し、女帝自身、自らが践むその皇位の基礎に対し、ある不安をいだくようになったのも自然の勢いではなかったろうか。

第二章　軍事面女性上位

一　新羅善徳女王の逸話

「祭り」は、人の精神の奥に潜む信仰に基づくが、「戦さ」は、人間世界の現実そのものである。古代のこの戦さの中には、民族によって違いもあろうが、日本においては「性の在り様」が、かなり露骨に応用され、必然的にここでもまた、女性上位が感得される。

軍事面における女性上位を、極めて短い表現によって説いているのが、次に挙げる「三国遺事」の記録である。

善徳王知幾三事

第二十七徳曼〔一作万〕。諡善徳女大王。姓金氏。父真平王。以貞観六年壬辰即位。御国十六年。凡知幾有三事。初唐太宗送画牧丹三色紅紫白・以其実三升。王見画花曰。此花定無香。仍命種於庭。待其開落。果如其言。

二。於霊廟寺玉門池。冬月衆蛙集鳴三四日。国人恠之。問於王。王急命角干閼川弼呑等・錬精兵二千人・速去西郊。問女根谷。必有賊兵。掩取殺之。二角干既殪受命。各率千問西郊。富山下果有女根谷。百済兵五百人。来蔵於彼。並取殺之。百済将軍□召者。蔵於南山嶺石上。又圍而射之殪。又有後兵一千三百人来。亦撃而殺之。一無孑遺。

三。王無恙時。謂羣臣曰。朕死於某年某月日。葬我於忉利天中。群臣罔知其処。奏云何所。王曰。狼山南也。至其月日王果崩。群臣葬於狼山之陽。後十餘年文虎大王創四天王寺於王墳之下。仏経云。四天王寺之上有忉利天。乃知大王之霊聖也。当時群臣啓於王曰。何知花蛙二事之然乎。王曰。画花而無蝶。知其無香。斯乃唐帝欺寡人之無耦也。蛙有怒形。兵士之像。玉門者女根也。女為陰也。其色白。白西方也。故知兵在西方。男根入於女根則必死矣。以是知其易捉。於是群臣皆服其聖智。送花三色者。盖知新羅有三女王而然耶。謂善徳・真徳・真聖是也。唐帝以有懸解之明。善徳之創霊廟寺。具戴良志師伝。詳之。別記云。是王代。錬石築瞻星台。

大意

「新羅第二十七代の王、徳曼の諡号は、善徳女大王。唐の太宗の貞観六年（六三二）即位。治世は十六年間であるが、その間、予知することが三つあった。

その一は、唐の太宗から、種と一緒に送られて来た三色の牡丹の画を見て、この花は香りがないだろうといった。種をまくとその通りだった。後に人が問うと、「蝶が描かれていないから、これは唐帝が配偶者のいない自分をからかったということが判った」と答えた。

その二は、霊廟寺の玉門池に、時季に合わず冬、蛙がたくさん啼いた。女王は精兵二千を急派し、西郊女根谷に潜んでいた百済兵を残らず降した。後に人が問うと、女王は、「時季に合わない蛙は兵の象徴で、玉門は女根を意味する。女は陰陽でいえば「陰」、色は「白」方位は「西」である。そこで兵が西方にいることが判り、また、男根は女根に入れば必ず死ぬ。そこで捕らえ易いことが判った」といったので、群臣は皆、感服した。

その三は、女王は自分の死期を予知し、葬地も指示していたが、そこは至上の霊地であったことが、後に判った」(『三国遺事』)

善徳女王は七世紀実在の新羅の女帝である。彼女は生来、聡明な女性だったが、それを測る尺度としてその推理力、および人並すぐれた予知能力、この二つが挙げられている。それらは注目に価することではあるが、同時に、というより、それ以上に重要な点が第二話にみられる戦さにおける「女性優位」である。

古代朝鮮半島、および倭国では、「男根は女根の中で死ぬ」という性の現実が今からは想像も出来ないほど強く意識され、この性の原理は、そのままそっくり戦闘の場に持ち込まれていた。

善徳女王挿話第二話は、この原理がまさに実践されていたことの証拠で、古代推理上、欠くことの出来ない重要資料といえよう。

たしかに性においてイニシアティブをとるのは、「陽」としての男根ではあるが、見方を変えれば、「陽」は「陰」の中に勢い込んで侵入しては来るが結果は、萎えて出て来るに過ぎない。

原始の人々は考えた、「このような呪力を持つ女陰の功徳を、戦闘場面に応用しない法はない」と。勝利をもたらすものは常に女なのであった。

二　沖縄の古伝承「女は戦の魁《さきがけ》」

伊波普猷は『琉球古代の裸舞――うちはれの遊び――』(伊波普猷選集中巻)において、女陰について重要な言及をしている。

「『女官御双紙』その他の文献をひもとくと、この役には、久米島の神職の頭の君南風《きみはえ》が従軍してゐるが、当時の人は、この時戦争に勝つたのは、奇計と呪詛が与つて力があると信じてゐたのである。『球陽』を見ると、アカパチ・ポンカワラは、大海に面して陣を布してゐたが、手々にたぐさを持つた巫女が数十人、陣頭に立つて、天に号し地に叫び、一生懸命に呪詛した、といふことである。そしてこれらの巫女等は、官軍が上陸して肉迫しても、一向畏れる気配もなかつたといふことである。

かうして彼等は戦闘を開始する前に、双方共魔術を闘はしてゐるが、琉球の俚諺に Winago-ikusa nu sachigayi (女は戦の魁) とある通り、女子に戦の魁をさせたのは当時南島全体の風習であつたと思はれる。」

この指摘につづいて伊波普猷はさらに論を進め、日本神話の天孫降臨に際しての天鈿女の所作と、この沖縄の古伝承を、次のように対比させている。

「これは猿田彦神が天八衢に立塞つて、天孫民族の前進を阻止した時、天鈿女が陰を露はして、笑嘘《あざわら》ひつつ向ひ立つたのと比較すると面白いのである。八重山の巫女等が陰を露はしてゐたことは判然しないが、彼女等は多分さういつたやうな風をしてゐたのであらう。

記紀をみると、天鈿女は、天の岩戸で舞うた時にも、やはり陰を露はしてゐるが、これを胸乳を露はし裳帯を臍下に押垂れて、といつたやうにしたのは、支那思想の影響を受けた著者が、殊更に婉曲したのであつて、彼女は或は裸体になつてゐたのかも知れぬ。……」

伊波普猷は沖縄の正史にみえる陣頭巫女の記録を、記紀の「猿田彦に対する天鈿女の露出神話」と、「女は戦の先駈け」という沖縄の古伝承に対比させ、おそらく陣頭に立った沖縄の巫女もそのようにしたであろうと推測し、同時にこの「女陰露出、即、敵を降す効果」ということが古代は信じられていた、ことを暗黙のうちに言っている。

なお沖縄には、女陰の呪力に関わる次のような伝説もある。

「首里の鬼の話

昔、首里の金城というところに人を喰う鬼がいるといううわさが立った。その妹がもしやと思って兄の留守に行ってみると、鍋に人肉が煮えていた。これは本当だと思い、普通の餅と、鉄でつくった餅をもって出かけてゆき、普通の餅を鬼の前で食べてみせると同時に、陰部を出してみせた。鬼がその下の口は何をする口か、ときくと妹は即座に、

『上の口は餅を喰う口、下の口は鬼を喰う口』

と答えた。これをきいて鬼は驚いて崖から下へころげ落ちて死んだ。」

沖縄では冬十二月の行事として家ごとに蒲葵の葉や、月桃の葉でくるんだ「鬼餅」を拵えるが、この伝説はその行事の起源譚となっている。

鬼が何を意味しているのか、判然としないが、もし鬼が、祖神としての蛇の象徴であって、この伝説がその蛇への生贄となったあわれな女蛇巫をとむらう意味をもつものとすれば、この話も何となく判るのである。

この他にも沖縄には、「火開、々々」(または火排、々々)といって火に向かって女陰を見せると火が鎮まる、という呪いがある。本土でも火事のときには女の腰巻を火に向かって振るのがいい、ということになっている。これは多分本物の代りを腰巻がつとめるのであろう。

しかし火に関わる女陰、は別途の推理が必要で、それについては後述する。

三　天孫降臨

アメノウズメとサルタヒコの出会い

天孫降臨は日本神話中の重要な一場面である。神話ではあるが、その背後には古代の現実があり、それに基づく「原神話」があったとみるのが至当と思われる。

そこで天孫降臨という名称であるが、この美しい名称の背後にかくされているのは、古代の侵略戦争である。

天孫降臨の目指すところは天照大神の神勅にもあった通り、豊葦原の瑞穂国であって、すでにそこは人手によって耕された豊かな水田があり、先住者によってひらかれていた国土で、けっして荒蕪の土地ではない。

この推測を裏付けるように神話筆録者は、当時の先進地方、出雲の支配者を国津神として捉え、この先住者としての国津神と、新参の天津神としての天孫族との間に十分な根廻しがあった、とし、これを「国譲り」と美化して、一件落着させている。

しかし事はそう簡単にすむはずはない。「国譲り」という大筋は大筋として、それから洩れ、或いははみ出す小競り合いは、随処にみられたに相違なく、そのような抵抗族の一方の旗頭が「猿田彦」なのであった。

いつの世でも敗者が恰好よく描写されることはなく、猿田彦も一怪物として扱われる。

或いはそうした数多くの小競り合いが、抵抗勢力として一つにまとめられ、その首領の象徴が、「怪物猿田彦」となったものかもしれない。

要するに日本神話の本質は、古代の侵略戦争の潤色ということになるが、その潤色、つまり平たくいえばその味付けに使われる調味料によって、日本神話の場合『古事記』と『日本書紀』では、その内容を異にする。あえて単純に割り切れば、前者の天孫降臨の始終は、単純素朴な「原始女陰信仰」によって物語られ、後者のそれは、中国古代哲学、易・五行の法則の導入、による記述ということである。

この違いによって、天孫降臨は同一場面の叙述でありながら、その様相を異にする。そうしてこの違いを見究めることが、本節のテーマである。

『古事記』にみられる天孫降臨

『古事記』本文

爾に日子番能邇邇芸の命、天降りまさむとする時に、天の八衢に居て、上は高天の原を光し、下は葦原の中つ国を光す神、是に有り。故爾に天照大御神、高木の神の命以ちて、天の宇受売の神に詔りたまひしく、「汝は手弱女人にはあれども、伊牟迦布神と面勝つ神なり。故、専ら汝往きて問はむは、『吾が御子の天降り為る道を、誰ぞ如此て居る。』ととへ。」とのりたまひき。故、問ひ賜ふ時に、答へ白ししく、「僕は国つ神、名は猨田毘古の神ぞ。出で居る所以は、天つ神の御子天降り坐すと聞きつる故に、御前に仕へ奉らむとして、参向へ侍ふぞ。」とまをしき。

大意

いよいよ天孫降臨となったとき、天地の岐れ道に居座って、上は高天原を照し、下は豊葦原の中つ国を照す怪物がいることが判った。

そこで天照大神の神勅がアメノウズメに降る。「汝は女の身ながらい向う神と面勝つ神である。直ちに行ってその怪しいものの素性とその理由を問え」と。

この神勅の中で注意されるのは、

・い向う神

・面勝つ神

という表現である。

真正面から相対して、その相手に打勝つ、という動作と、その内容の表現を、神格化しているのは、これらが余程の重大事として意識されていた証拠であろう。

現代でも「真正面から向き合う」といえば、両者の間に他者が介在せずそのまま向きあうことで、もしこれが戦場の場面とすれば、これは先陣を承る人の動作の形容となる。『記』はここで『紀』や『古語拾遺』にみられるように「陰」を露出した、とまでは言っていないが、一軍の先頭に立ち、その行為を神霊化してさえいる事実は、言外にそのことをほのめかしているものと考えられる。

要は陰を露出して男をおびき寄せ、男根を萎えさせる性の在り様を、そのまま戦術に生かす、即ち、性の実相の応用、それが半島、並びに古代倭国の戦闘における究極の呪術なのであった。そうとすればこの呪術の始めを成す動作も神霊化したくなるのは自然の勢いではなかろうか。既に抵抗する力も、戦意も消失したサルタヒコは、ウズメに逆らうことなく言いなりになり、揚句に彼をまつものは死であった。

つまり『記』によれば、彼は伊勢のアザカの海で、ヒラブ貝に手をはさまれて溺死することになっている。

サルタヒコの死の描写

まず貝は「似たり貝」などといって、古来、女陰の象徴であり、その貝にはさまれるサルタヒコの手とは、当然、男根の象徴であろう。なお、「説卦伝」によれば、「艮」は「手」とされる。サルタヒコが貝に手をはさまれて死ぬ、ということは、つまりサルタヒコは「艮」であることの証拠ではなかろうか。また注目に価するのは、貝に手をはさまれたサルタヒコの溺死の一部始終であるが、その描写は、実に詳細をきわめる。

「その底に沈み居たまひし時の名を底どく御魂、といひ、その海水のつぶ立つ時の名を、つぶ立つ御魂といひ、その粟裂く時の名を泡裂く御魂、といふ」(『古事記』上巻)

底どく、はおそらく「底突く」、つぶ立つ、は「頂点」、泡裂く、は文字通りその「終末」の状況で、要するにこの三種の表現は、性における男根の在り様を遠廻しにいっている様である。

神話筆録は何故、執拗にサルタヒコの死様の描写にこれほどまでこだわり、しかもその状態の一つ一つを、ウズメの場合同様、神格化しているのか。

・推　理

貝に手をはさまれて溺死するサルタヒコの死は、女陰の中で果てる男根のあり様さながらである。

古代倭国の戦闘において、「性の始終」の応用は戦闘における至高至上の呪術であった。

それなればこそ、その呪術の始めとしてのウズメの所作は、神格化され、い向う神、面勝つ神とさえ称されたのであった。

それならば、その対応として当然、その終わりをしめくくるサルタヒコの死に関する状況の呪術も同様に神霊化されなければならないだろう。

それが、先に見た三種の呼称、

・底突く御魂
・つぶ立つ御魂
・泡裂く御魂

である。

古代中国哲学では、死とは魂魄の分離、として捉えられ、魂は天に、魄は地に留まるとされた。そこで同じ神霊化にあたってもウズメの所作のそれには、生を意味する神、サルタヒコのそれには死に関わる魂、と使い分け、この使い分けによって、ウズメよりも先に、早々と死んでいく敗者としてのサルタヒコの運命を読者の前にはっきりさせている。

この神と魂の対比は、明らかに陰陽五行に拠っているから、『古事記』筆録者は既にこの法則に通暁していることを示す。

ただし、『記』は単純素朴な女陰信仰による女性優位の古伝承を書き残すことをその使命としていたので、当時、既に圧倒的であった陰陽五行の導入による新解釈は、すべてこれを『紀』にゆずり、その部分的な応用は多少は見られるものの、大筋は古伝承の記述に徹したのであった。

ウズメ・サルタヒコの相対場面は、「天孫降臨」と名づけられた古代大戦争における「女は戦の先駆け」の諺をまさに地で行ったものである。

それは呪力を根源とする戦故に聖戦とみなされた。その結果、その呪術に関わるこのすべては、始めから終りまで、神格化されたのである。

『日本書紀』の天孫降臨

『書紀』　一書

「時に八十万の神あれども、皆目勝ちて相問ふることを得ざりければ、特に天の鈿女に勅したまはく、『汝は人に目勝つ者なり。宜《うべ》往きて問はせ』とのたまふ。天の鈿女、その胸乳を露にか

きたて、裳帯を臍の下に抑り、笑嘘ひて向き立つ。」（『書紀』巻第二）

『紀』の一書には『記』と同様、天孫降臨にあたり、その行手を阻むサルタヒコが描写されていて、『古事記』同様、ここでも、天照大神の神勅がアメノウズメに降る。ここまでは殆ど同じであるが、それにつづく細部描写に至っては全く異なる。

つまり本陣からまず斥候の神、即ち先駆の者が行ってサルタヒコの様子を見るが、彼等はいずれもサルタヒコの眼光に制圧されて、術なく引返してくる。この復命をきいて天照大神は、ただちにウズメに、

「汝は人に目勝つ神なり。宜往きて問はせ」

と命ずる。ここには『記』にみられた、い向う神、面勝つ神、などの表現は一切ない。

さらに彼女は完全なストリップで、嘲笑いつつサルタヒコに相対する。何故のこの所作か、と驚いて問いかけるサルタヒコに向って、ウズメは何の答えもせず、反対に、天孫降臨の道を邪魔するお前は何者か、と鋭く問いかける。

サルタヒコはこの勢いに屈し、その名を告げ、天孫を出迎えに出ていたと偽る。

ここで問題なのは、「目」である。何故、天照大神は「面勝つ」といわず、「目勝つ神」といって、ウズメの呪力を、目に対するもの、にしぼったのか。

この目が問題になるのも、元はといえばサルタヒコの目にある。

サルタヒコの眼光については『記』ばかりではなく、『紀』にも、ヤタノカガミのように照り輝

いていると記されている。

ウズメにおける「目勝つ」とはおそらく広義ではあらゆる目に打勝つ彼女の呪力を意味し、狭義ではこの強力なサルタヒコの目にも打勝つという意味であろう。

そこで推理の順としてこのサルタヒコの目について考えたい。

境の神・サルタヒコ

天孫降臨の場面は天地の「境」であるが、境とは元来、二つの区域を分かつもので、それには時間、空間、有形、無形、それぞれの場合が考えられる。

- 時間……一日・一年・季節・生死
- 空間……方位・自他領分の境・国境、現世・幽界、天・地

この時・空を通し、宇宙空間の一切の境を象徴するものが「易」八卦の一つ、「艮」である。

天孫降臨は天地の境の事件であり、サルタヒコはこの境にいる国津神である。

サルタヒコはいわば「艮」の具象化、神格化とさえ考えられ、従ってその本質は、この「艮」という文字、或いは易八卦の一つ、「艮」の象意の中に探り出される。

「艮」字の意味するもの

この易の艮卦の「艮」という文字は、

「目プラス人。目は呪的な目的で聖所などに掲げられている邪眼。その下に、後ろ向きに退く

人の形がかかれており、侵入者がその邪眼におそれて退く意をあらわす」（白川静『字統』）と説明されている。

つまり「艮」とは「邪眼」で、侵入者を聖所から排除する呪物である。

そこでもし猿田彦を「艮」卦の造型とすれば、この「艮」という文字の原義からいって、この神は元来、国土を邪眼によって守る神、つまり強力な邪眼の持ち主であって、神話はまさにそのとおり、彼の目の光がしきりに描写されている。

易、「艮」（☶）卦の象意

「艮」は「丑寅」。陽の記号が一番上にあるが、それは高くそびえているもの、すなわち「説卦伝」によれば山を象徴し、動物では口のとがった「狗」ということになり、実はサルタヒコも天狗も同類ということになる。

山はこれを人の顔にあてはめれば「鼻」。天狗も猿田彦も、一大特徴は並外れて大きな鼻で、両者に共通する「山」「巨大な鼻」は、いずれも「艮」卦に負うところのものである。

「艮」卦は、その卦の象から「山」を意味するが、「艮」という文字の原義からも、人の行く手をはばむということで「山」となり、その山は巨大な土気の象徴である。

この土気はものごとの終始、転換にあずかって力があるが、とりわけ「艮」（丑寅）の土気は、変化の作用が強い。

異次元の存在たる神のこの世への顕現は、要するに神の変化で、その変化には、「艮」（丑寅）の象徴としての猿田彦とか天狗とかの先導が必要とされる。

猿田彦の呪力の源は、その邪眼にあるが、「目」「視力」は光に還元され、光は火を象徴するから、この神の呪力もまた「火」ということになる。

そこでサルタヒコの本質は易の象意からみれば「土」、その作用は「艮」字からみれば「火」、ということになろう。

『日本書紀』にみられるウズメの呪力

原始女陰信仰は、「侵入して来た男根を殺す」という素朴な原理に基づくものであるが、この信仰はその根拠が簡単な事実にあるので、反ってそのインパクトは強烈である。

そこで、『古事記』の天孫降臨神話は、先述のようにそれで貫かれることになる。

それに対し、『日本書紀』による同一場面は殆ど易・五行の法則を背景に展開するが、以下はそれについての推理である（『紀』のこの場面は本書「『日本書紀』の天孫降臨」ご参照）。

・推　理

『紀』におけるウズメの呪力は、既に『記』にみられたような単純な「い向う神」、「面勝つ神」ではなく、「目勝つ神」ということである。

それでは「目勝つ神」が、前者より何故複雑、且つ異質な呪力を示すものなのか。

五行における女陰「火処《ほと》」

後掲の五行配当表にみられるように、生物、即ち、「五蟲」も、木・火・土・金・水の五原素に還元され、鱗・羽・倮（裸）・毛・介の五種に分類される。鱗・羽・毛・介を欠くものが、倮（裸）で、人間はこの倮に配当されるから、「土気」である。

木火土金水の五気には、相生・相剋・生成の三種類の順があるが、別表の如く、「火生土」の法則により、火が土気を生む、訳で、従って土気、即ち人間を生む祖《おや》は、「火」ということになる。

天地の中間にあって陰陽二気を中和するものは「土気」。この土気に配当される人間は、天地陰陽の精として、もっとも尊貴の存在である。

この尊貴の土気としての人間を生み出すものが、「火生土」の法則によって「火」ということになる。人間の御祖としての「火」が、五行を受入れた古代日本人によって篤い信仰の対象とされたのは極めて当然で、火は家の守護神として祀られ、沖縄では現在も家の神は「火神」、それを祀るものは「女」である。

何故、火の祭祀者が女なのか。

人を生む処は、要するに「火」なので、この火を生む処、「火処」とは「女陰」である。これを有するものはもちろん「女」。男ではない。

尊貴な人間を生み出す「火」の呪力は何にも優って強いわけであるが、恐らく、アメノウズメは、この「女」を代表し、「女」を象徴する巫女であろう。

月	易卦	十二支	十干	五声	五味	五蟲	五常	五臓	五官神	五人帝	五天帝	五星	五音	五事	五時	五方	五色	五行
旧一・二・三月	震 ☳	寅・卯・(辰)	甲乙	角	酸	鱗	仁	肝	句芒	大皞	青帝	歳星(木星)	呼	貌	春	東	青	木
四・五・六月	離 ☲	巳・午・(未)	丙丁	徴	苦	羽	礼	心	祝融	炎帝	赤帝	熒惑(火星)	笑	視	夏	南	赤	火
		辰・未・戌・丑	戊己	宮	甘	倮	信	脾	后土	黄帝	黄帝	塡星(土星)	歌	思	土用	中央	黄	土
七・八・九月	兌 ☱	申・酉・(戌)	庚辛	商	辛	毛	義	肺	蓐収	少皞	白帝	太白(金星)	哭	言	秋	西	白	金
十・十一・十二月	坎 ☵	亥・子・(丑)	壬癸	羽	鹹	介	智	腎	玄冥	顓頊	黒帝	辰星(水星)	呻	聴	冬	北	黒	水

五行配当表

木生火《もくしょうか》
火生土《かしょうど》
土生金《どしょうきん》
金生水《きんしょうすい》
水生木《すいしょうもく》

水剋火《すいこくか》
火剋金《かこくきん》
金剋木《きんこくもく》
木剋土《もくこくど》
土剋水《どこくすい》

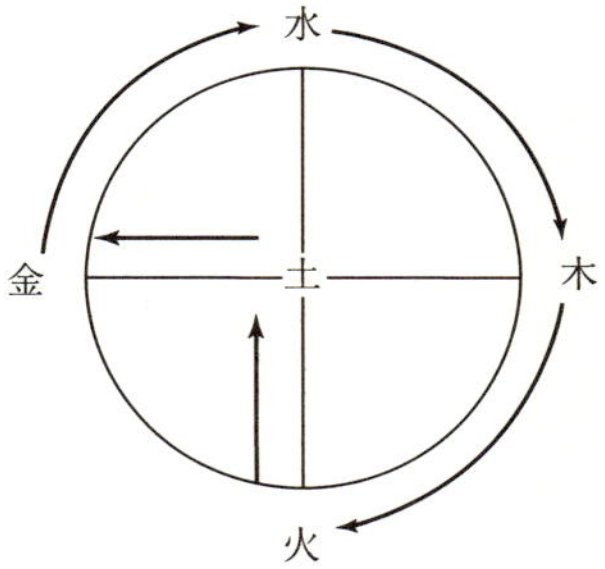

五行相生

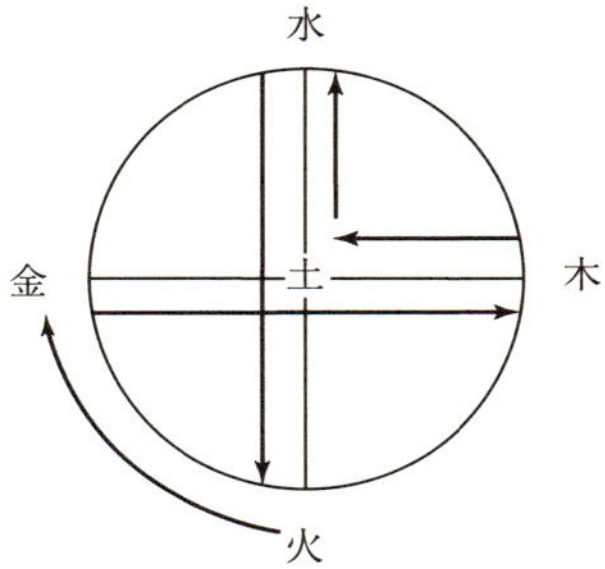

五行相勝（剋）

一方、「火」とは、「熱」であると同時に、「光」でもある。

ところで前述のように天照大神によって「目勝つ神」と保証されたウズメのその呪力とは、サルタヒコの邪眼を始め、ありとあらゆる「目」に打ち勝つ強力なものに相違ない。

ウズメの「火処」の火は、五行では「光」でもあり、サルタヒコの邪眼もまた「光」に還元される。「光」即「火」であるならば、神勅に「目勝つ神」といわれるウズメの呪力とは、

・目＝光＝火

の筋道通りに作動する「火」に負うところのものであったろう。

ウズメとサルタヒコの両者は、「火」を媒《なかだち》として同じ土俵の上で戦うことが可能であり、この両者の戦いは「火の験競《げんくら》べ」ということになる。つまり、

・邪眼のサルタヒコの「火」

・人間を生み出すウズメの陰の「火」

この「験競べ」において、勝を制するものは、無論尊貴な人間の祖としての「火」であって、それはサルタヒコの邪眼が天地を照らし、いかに強烈な光を放とうとしても、それを圧倒的に褶伏させる呪力に溢れたものであった。但しそれには一つの条件があった。

ウズメにおける陰の露出

この「火の験競べ」で、ウズメがまず必要不可欠とした呪術は、その陰の露出であった。陰は文字通り、「陰」で、普通の状態にしておけば表面からは常に隠されている筈なので、その作用が要求される非常事態になれば、何を措いても即座に露出しなければならない。隠されている限り、いくら強力な火であっても、その呪力を敵に浴びせかけることは出来ないからである。

その陰をこうして露出しさえすれば、その際、勝を制するものは当然、ウズメの陰の火で、天照大神の神勅に規定されている通り、それは如何なる邪悪な目の呪力にも優る「目勝つ神」として作動する。

ウズメの「笑い」

更に注目されるのは筆録者によってウズメが「あざ笑いつつ陰を露出した」と描写されていることである。

「笑い」は五行の中で「火」に還元される（「五行配当表」参照）。「笑い」が付加されることによって、ウズメの勝ちは決定的となる。

岩戸がくれ神話の場合は、この「笑い役」は八百万の神々に課されていて、ウズメのストリップに神々が哄笑した、ということになっている。このような違いはあるにせよ、その狙いは同じこと、目的は共に笑いによる火の呪力の強化にある。

山口県の古い社の旧十月の「笑い祭」は同様の原理によるものであって、旧十月といえば、極陰（䷁）の月で、陽は一つもない。そこで「笑うこと」によって、来るべき旧十一月（䷗）の一陽来復を心待ちにし、その無事の到来を期待する祭である。「笑い」は即ち「火」、「陽」に還元されるので、「笑うこと」によって一陽を招き出すわけである。

ウズメの陰のもつ火の呪力は、その「露出」に、「笑い」を付加することによって補強される。

あぶり出されるサルタヒコの出自

前述のように、境の神、サルタヒコは、艮（☶、丑寅）山で土気である。

土気は火によって生み出されるから、火に従うものであり、火によってその出自を明らかにされるもの、である。その陰を露出したウズメの前にサルタヒコは何もかくすことが出来ない。

そこでその素性を呆気なくスラスラと白状してしまう。古習によれば相手に名を知られることは服従を意味することであった。

天孫一行の道を阻むつもりで出ていたはずのサルタヒコは、今や当初の意欲も何処へやら、あまつさえ、天孫ご降臨と伺ってお迎えにまいりました、という始末。これはウソにきまっている。しかもサルタヒコ自身は、このウソをウソとも知らず自然に口に出して云ってしまっているわけで、要は、五行の作用によるウズメの陰の火の呪力に負けての結果に他ならない。

サルタヒコの心のこのような推移、とその言動、これらのすべては、短い表現の中に活写されていて、この筆力には圧倒される思いがする。

『紀』における天孫降臨の場の描写は、このように念入りに行なわれ、五行の法則の忠実な応用と実践が随処にみられるのである。

『古事記』と『日本書紀』の比較

天孫降臨の重要な一こま、即ちアメノウズメとサルタヒコの対決場面において圧倒的な勝利を克ち取ったものはウズメであり、その点は『記』『紀』ともに全く同じである。

しかし、最も大事なことは、その勝因に関しては全く異なる原理が各々、その基盤に据えられていて、それは改めていうまでもなく、

- 『記』は原始女陰信仰
- 『紀』は易・五行、及び「艮」字の意味

に拠っているということである。

もちろん、『記』の筆録者は易・五行にも通暁していて、その片鱗は到る処にうかがわれる。しかもなお、その書名の通り、「古事」にこだわるこの筆者は、古伝承に潜むその真実性に何処までもこだわる人でもあって、ウズメとサルタヒコの勝負を、終始、原始女陰信仰に基づいて、これを解釈説明することに専心したのであった。

一方、『紀』の筆者は、この場面を、易・五行、及び象形文字「艮」字のもつ意味の持込みによって描き切ろうと努めたわけで、両者のこの立場を分けるものが、僅か三つの文字、或いは三つの言葉、即ち、い向う神、面勝つ神、と、目勝つ神、なのであった。

神話は冗舌ではない。その一言一句は時に想像を絶する重要性を内在させているが、その好例がここにみられるのである。

前述のように天孫降臨におけるウズメとサルタヒコの対決を、『古事記』は素朴な原始女陰信仰によって物語り、『日本書紀』は、この同じ場面を、易・五行の法則と、象形文字「艮」の意味を取り入れて、精密に描き出す。

このように『記』『紀』という別々の書物の中で書き分けられていた女陰信仰は、次章の「ヤマトタケル伝承」になると、同一のその英雄譚の中で、物語られることになる。

つまり、ここでも、その「書き分け」は依然として行なわれていて、その様相は、ヤマトタケルが自身の守護神として生涯、頼りにしつづけていた姨のヤマト姫を、前後二度に亘って伊勢神宮に訪ね、種々、呪物を贈られているその呪物の中に殊に顕著に窺われる。

四　ヤマトタケル伝承と女の力

第十二代景行天皇の皇子、ヤマトタケルの生涯は日本史の中でも際立って魅力があり、『古事記』に描き出された彼の一生は正に悲劇の一大叙事詩である。

その高貴な生立ち、類まれな英雄としての資質、若さと美しさ、苦難に満ちた征討の長旅、これらの要素は渾然一体となってヤマトタケルに結集し、この彼の悲しみはそのまま、はるか後世にまで伝わって来て、私どもの心を揺がす。

条件がこれだけ揃っていればそれも当然、改めてヤマトタケルの不朽の魅力など問うこともないのである。

しかしヤマトタケルという英雄を主人公とするこの壮大な物語を以上挙げた理由に凭りかかってのみ解釈することが、果して妥当か否か、問題がここに提起される。

実はこの物語の背後には、この物語が収録された時代よりはるかに遠くさかのぼった頃の古代日本を動かしていた大きな力が潜んでいて、それが物語の随所に顔をのぞかせているのではなかろうか。その力とは、女の力である。

ヤマトタケルの物語は、この英雄が常に女の力に護られて敵に勝ち、危難を逃れ、或いは女の犠牲によって海を渡り、戦を進めて、そうしてついには女の力によって滅ぼされる、この一連の物語であるように思われる。

つまり、ヤマトタケルという英雄の行動とその心情、この二つをその根源から操作しているものは、実は女の力であって、そうとすれば女こそこの一大叙事詩の真の主役ということになる。この叙事詩の筆者の描き出したかったもの、或いはことは、個々の女ではなく、女の力そのものを描き出したかったのではなかろうか。

「女の力」といえば、「オナリ神」のそれにまさるものはない。

オナリ神

日本古代信仰の中にオナリ神がある。オナリ神は沖縄の信仰の中に今も生きているが、これは女の姉妹がその兄弟に対して守護神の立場をとるものである。同時に男は女の姉妹に対してエケリ神となるが、その霊力はオナリ神に到底及ばない。遠く旅立つ場合、男はオナリとしての姉妹から手サジ（手拭い）などを贈られる。それが一種のお守りの役目をするからである。

さて、ヤマトタケルはその第一回の西国征討、第二回の東国遠征に際してその都度、姨のヤマト姫を伊勢に訪ねて、何かと贈物を授かっている。

第一回目はヤマト姫の衣裳、第二回目は草薙剣と火打石の入った袋である。

ヤマトタケルはこのヤマト姫から贈られた衣裳を着、女に化けてクマソを討っている。

次に相模の野で敵の謀略にかかって危く焼き殺されそうになったとき、姨の言葉を思い出し、まず刀で草を伐りはらい、次に袋の口を開いて火打石を取出し、向火をつけて反って殺そうとした敵を滅ぼしている。

いずれの場合にもヤマト姫の贈物が、ヤマトタケルの危急を救い、仕事を助けているのである。ヤマト姫はヤマトタケルのオナリ神ではなかったろうか。

それではオナリ神は何故これほどの呪力をもっているのだろう。

オナリはエケリにその霊力においてはるかにまさるという。その霊力のよって来る処のものは正しくその「性」にあろう。性とは女の場合その胎であり、陰である。オナリ神の呪力がその性にある、とすれば、やはり女陰の「入れて出す」或いは「挑み立ちはだかってくるものを萎えさせる」力がその呪力の元と考えられていた筈である。オナリとしてのヤマト姫の衣裳は恐らくそうした女の性のもつ力をその中に潜めており、それによってヤマトタケルは強敵を仆し得たのである。

クマソは女装したヤマトタケルの容色に魅かれ、彼に近づく。それを十分にひきよせて一刀の下にクマソを刺す。勝利の契機をつくったものはヤマトタケルの身についていた女の力である。

『記伝』には「此比売命の御衣御裳をしも、請し賜はり賜ふ所以は、倭比売命は、伊勢大神の御杖代に坐せば、其御威御霊を仮賜はむの御心なりけむかし」といっているが、次の火打石の袋と共に、これらはアメノウズメの陰露出の呪術とその根を一つにするものと思われ、『記伝』の説には私は従えないのである。

第二回の東征の際、ヤマト姫からヤマトタケルに贈られたその火打石の入った袋であるが、その火といい、袋といい、恐らく女陰の象徴であろう。また剣は男のものであるから、つまり陰陽物が呪物として贈られたことになり、この男根の攻撃力と、女陰の押出す力の相乗作用によってヤマトタケルは形勢を逆転させ勝利を得たわけである。

ヤマト姫はオナリ神としてこの英雄の背後に常にある。しかしその呪力も実は呪物あってのもので、ヤマトタケルがオナリ神親授のその呪物を身から離したとき、更に大きな女陰の霊力にぶつかって、その生命を吸い取られてしまう。その古代思想を物語るものが、伊吹山におけるヤマトタケルの最期ではなかろうか。

以上がオナリ神とヤマトタケルの生涯であるが、この関係を基に、改めてこの皇子の一生を推理したい。

五　ヤマトタケルの生涯の推理

ヤマトタケルの生涯で、東西に亘るその大遠征中、呪術面からみた主要事件はおよそ次の五項目にしぼられる。

1　ヤマト姫第一次訪問……西征の門出
2　ヤマト姫第二次訪問……東征の門出
3　弟橘姫入水………………東征中
4　美夜受姫訪問……………東征末期
5　伊吹山の災難……………東征最後

ヤマト姫第一次訪問

ヤマトタケルは弱冠十六歳で父帝の命により遥か西のクマソ征討に向う。その際、道をまげて、訪れたのは伊勢大神に奉仕する姨のヤマト姫であった。

勇猛果敢なヤマトタケルもこのような遠征の門出にはその心の拠り所として守護神、ヤマト姫を頼らずにはいられなかった。

しかしそれよりもむしろその当時、戦闘において女人を先陣に据えることは法則に近い呪術だったから、それに従ったと解する方がより妥当かも知れない。

そうとすればヤマトタケルのこの訪問はその姨の同行を願うためだったとも考えられる。しかし大神に奉仕の姫にとってそれは到底かなわない話で、ヤマト姫は身替りとして、一揃えの衣裳と、宝剣一振を贈って甥を送り出した、というのが話の筋道ではなかったろうか。

古代日本人にとっての衣裳

古代日本人は、「衣裳」に対して特別の思い入れがあった。その源は多分、彼らが祖神として尊崇する蛇の脱皮に求められる。

蛇は脱皮によって生命を更新するが、それは旧い皮を脱いで、新しい皮の中にこもり直すことである。

祖神のこの生態を忠実に実践し、擬くことは至上の宗教行事で、神道の基盤をなす、禊・祓い・顕現とは、身削ぎ・祓い・顕、という蛇の脱皮の一連の現象を指す言葉に還元されると私は考えるが、この生態を擬くに当って、一番役立つものは、きものである。きものは容易に表皮に見立てられるからである。

　旧皮を脱いで新皮にこもり直す蛇の生態は、彼らの目には清浄そのものとして映り、この「清浄と新生」は日本神道の中核をなす。

　脱皮とは「表皮を脱ぐ」ことなので要するに身を殺ぐ（削ぐ）ことであり、それには水も必要不可欠である。祭祀の始めが「禊ぎ」であるが、これは「身殺ぎ」の宛字に過ぎない。「禊ぎ」には衣服を改めることも含まれるが、その浄衣は、蛇における新皮の象徴である。

　日本人一般が行なう人生の行事の中にも、祖神の蛇の脱皮を擬く民俗は数多く、出生時の二種の産着、つまりこの世への新生にも表皮としての衣服が登場する。

　皇室の重要行事「節折《よおり》の儀」、古くは諏訪大祝即位礼の「御衣着《みそぎ》の儀」にも、重要な役目が課されているものは、衣服である。

　要は衣服が常に「表皮」に見立てられていることで、因幡の白兎も、ワニに表皮を剝がれたその状態を、「着物を剝がれた」と言って哭くのである。

　着物がこのように容易に表皮に見立てられるものならば、ましてこの非常の場合、ヤマト姫がその甥に自身の衣裳を贈られたその心情はおよそ察しがつく。それはつまり、

「いざという時には、これを着て私に化って、敵を仆しなさい。女は戦の先駆け、だから」ということであった。

熊曽タケルの最期

熊曽征討の大命を帯びてヤマトタケルが目的地に着くと、折柄、熊曽タケル兄弟は、新築の大宴会を催す最中で、屋敷の周辺は人に満ち溢れていた。この騒がしさに乗じ、ヤマトタケルは結い上げていた髪を解き流し、ヤマト姫の衣服を着、完全に女装して邸内に入り込んだ。

熊曽兄弟は、目ざとくヤマトタケルの容色を見てとって、側らに招き寄せ、宴を一段と楽しむ風であった。この隙を狙っての皇子の一撃に両人は次々に生命を失う。

西国において当時、並ぶものない熊曽タケル兄弟を、このようにたやすく伐ち果し得たのは、ひとえにヤマト姫の呪力によることで、たとえ敵に油断があったとしても、またヤマトタケルがいかに武勇にすぐれていたとしても、古代日本の戦争に対する呪術的観念からすれば、女の呪力なしに、勝利は期待出来ないことなのであった。

しかもなお、この伝承の筆録者は、この勝利を皇子の武勇伝として記し、ヤマトタケルの称号も、その死に当って熊曽タケルから奉られたことにしている。

こうして戦における女の呪力は『古事記』筆録時代すでに古代の闇の中に閉ざされ、合理的な解釈によって記されることになるが、実は「女の力なしに勝利はない」、「女の力とは女陰の力」、「根強い女陰信仰」、「女性上位」等の重要な信念は、この伝承の真髄として根底に潜んでいる。

ヤマト姫第二次訪問

ヤマトタケルの最初の遠征、西国の熊曽征伐は、ヤマト姫親授のその美しい衣裳を中軸に展開する古代の単純素朴な女陰信仰を基盤とする戦争譚であって、衣裳による性の転換が、この勝利をもたらした、というのがその原意と推測される。

この衣裳に対し、その十二年後、十二東国征討の門出に当って、再度ヤマト姫を伊勢に訪ねたヤマトタケルが、姫から贈られたものは、宝剣草薙剣と、一つの袋であった。

この袋には姫の特別の言葉、「火急の場合にはこの袋の口を開けなさい」が添えられていたが、その袋の中味こそ前述のように、「火打石」で、要するにこの贈物は、「袋と火」ということになる。

オナリ神としてのヤマト姫からの贈物である以上、この袋は女陰の象徴であり、ここに「火」が配されれば、これは正に五行の法則による土気の人間を生み出す「火処」、女陰の象徴にほかならない。

しかも特別に贈り主、ヤマト姫から、火急の場合にはこの袋が皇子を救う呪物になる、との暗示がついている。

火急の場合といえばそれはこの皇子にとって先ず戦いの場で、果して敵の謀略にかかり、皇子が相模野において火攻めに遭ったとき、この火打石で迎え火を打ち出し、これに勝ったのである。

ヤマトタケルの西征、東征、そのいずれの場合にも、そのもっとも困難と見える戦いに勝ちをもたらしたものは、守護神としてヤマト姫を象徴するその呪物であり、それを贈った主、ヤマト姫の呪力である。

しかし西征の場合の衣裳と、東征に際しての袋とは、その呪力の作用の出処を異にする。つまり、前者は、原始女陰信仰、後者は陰陽五行思想、に拠るもので、ヤマトタケル伝承の中に、この両者は、別々に書き分けられながら、混在している。

原始女陰信仰と、陰陽五行導入後の女陰信仰とは、『記』『紀』においては、厳密にかきわけられていたものが、ヤマト姫との関連において、この両者は、前後に書き分けながら、しかもヤマトタケル伝承という一つの物語の中に渾然一体、同居している。

この現象は注目すべきであるが、この時代はなお、原始女陰信仰がより優勢で、五項目のうち、女陰を「火処」として信仰するよりも、女陰のもつ「在りのままの力」に対する尊崇を示すものが、残り三項目の中に歴然として認められる。換言すれば、五項目中、陰陽五行の法則の所産たる、女陰を「火処」とする考えは、この一項目のみである。

しかもこの女陰を「火処」とみる考えは、後世には日本社会の上下にひろく行き亘ることになり、次はその一例である。


『母親の記念の皮巾着』

「ある処に貧乏な婆さんと息子がいた。息子は村の長者の家に奉公していたが、非常に母親孝行だった。この母親がその臨終の時、息子を枕許によんで、『お前には大そう世話になったが、何一つやるものとてはない。だが父っ様以外には誰にも見せたことがないもので、一生のあいだ後生大事にしてきたものがある。これはお前の生まれた所でもあるから、これを母親だと思ってとっておいてくれ』と醜いものを息子にのこし、死んだ。孝行息子は親の遺品と思って大切にし、陰干しにして居炉裏の上の火棚に吊しておいた。その中思いついて、それで熊の皮のような巾着を作って、火打道具を入れ、いつも腰に下げることにした。
ある日、息子は長者の牧山へやられたが、交尾していた牛の中の一組がどうしても離れなくなって、二匹とも死んだようになった。息子はあわてたが、どうしようもなく、タバコを吸おうと腰の皮巾着の口を指でひろげた処、それと同時にいままで離れなかった二匹の牛が離れて立ち上った。息子ははじめてこれはよいものだと思った。それから間もなく、長者の一人娘が聟をとった処、婚礼の翌朝になっても二人とも起きてこない。昼過ぎになってもおきてこないので、のぞいてみると、抱きあったまま真青になって倒れていた。医者をよんでも効目はなく、しまいにこの息子が奥に入って、皮巾着の口を指で押しひらくと、二人の体はわかれて別々になった。旦那は大よろこびで、聟は恥ずかしがって実家に帰ってしまったので、この息子を娘の聟として、末長く繁昌した。」

（藤林貞雄著『性風土記』）

これは年老いた母の遺品の女陰が、火打石の袋となって、更にその「押出す呪力」を増し、申し分のない呪物となって、息子の開運をもたらした、という話である。これは陰陽五行思想の日本社会への浸透ぶりを鮮やかに示す一例ではなかろうか。

弟橘姫の入水

ヤマトタケルの軍団が相模の浦賀水道を渡海中、海が荒れて航行不能となった。
この時、弟橘姫は自分が入水して、海神の怒りをなだめようと申し出られるが、その様子を

『記』は次のように記す。

「『妾、御子に易りて海の中に入らむ。御子は遣はさえし政を遂げて覆奏したまふべし』とまをして、海に入りたまはむとする時に、菅畳八重、皮畳八重、絁畳八重を波の上に敷きて、その上に下り坐しき。是にその暴浪《あらなみ》おのづから伏《な》ぎて、御船得進みき。ここにその后歌ひたまひしく、

・さねさし　相武の小野に　燃ゆる火の　火中に立ちて　問ひし君はも

とうたひたまひき。故、七日の後、その后の御櫛海辺によりき。乃ちその櫛を取りて、御陵を作りて治め置きき。」

この描写の中で注目されるのは「畳」である。粗末な菅製から最上の絹製まで併せて二十四枚。これを海の上に敷き、降られた、という。それは「后」と記されるほどの彼女の身分を示し、必然的にその特別席としての設備《しつらえ》と受取られた。従来はそのような解釈である。

当時の住居事情を考えると、畳は一つのステイタス・シンボルで、貴人たちは自慢を兼ねて、その使い心地の良さ、快適さを口にせずにはいられなかった。それが古い歌謡に畳がよく出てくる理由であろう。

したがってこの描写は姫の身分の高さを述べていると解して少しも不思議ではない。

しかし古代の戦さにおける女性の役割を考えると、この度外れた鄭重さを示す畳の描写の中に、坐席としての畳ではなく、むしろベッドとして畳が暗示されているように思われる。

ベッドとしての畳には、次のような例もある。

・葦原の　しけしき小屋に　菅畳　いや清敷《さや》きて　我が二人寝し

初代神武天皇が、イスケヨリ姫を見初めて、それを遂げられた時の御製である。この御製を援用して弟橘姫の場合の畳を考えると、これも海神、即ち竜神と姫との新婚用のベッドと受取ることも可能である。

この新婚、つまり竜神との神婚は無事、成就し、竜神はその力を抜き取られ、その結果、波も収まって、ヤマトタケルの一行は渡海を終えることが出来たのであった。

この一件の報告はまだ続き、この筆者はなお、つづけて姫の挿櫛の漂着を記し、この櫛をその遺品として埋め、陵をつくった、と締め括っている。

櫛漂着の記述は重要である。風波の鎮静を神婚成就の証しとすれば、この件もまた同様にこの神婚の無事終了を告げるものと受取れるからである。

前述のように、古くは櫛は縦櫛が多く、形が蛇の頭部に相似だったので、同じく蛇に似た古代の箸とともに、蛇相似の呪物として古典の中に登場する。

一方、女性の髪は、長いものということで蛇に見立てられ、髪に櫛を挿すことは、祖霊の蛇と同化することであった。

伊勢大神は五十鈴川の川底に棲む大蛇という伝承があり、この伝承によれば斎内親王、あるいは斎宮はその大神に奉仕する巫女とされる。

それ故に斎内親王の夜の床に蛇の鱗が落ちているともいう。

恐らくこの伝承は非常に古い信仰の名残りで、斎内親王の伊勢への門出にあたっての、「別れの古櫛の御儀」は、この事実を裏書きするものであろう。

この御儀は、新任の斎内親王の御髪に、天皇が親らの手で小櫛を挿し、「再び都に還り給うな」と戒めて、送り出すという永久の別れの儀式である。

恐らくヤマトタケルも弟橘姫の髪に櫛を挿し、古習に従って竜蛇神の嫁として送り出して、永遠の別れをしたのではなかろうか。それだからこそ、筆者はあえてこの名残りの櫛に言及し、神婚成就の証拠としたと思われる。

そうでなければ一個の「物」に過ぎない「櫛」のようなものが、その当人と同等の扱いを受けて、陵の主となることなど到底あり得ない。

姫の髪から抜け落ちて海上に漂い、心あるもののように海辺に漂着したという櫛のイメージには、古代の人のなまめかしい情緒とともに、今からは想像も出来ないほど、痛切な女性の呪力への讃歌がよみとれる。

本稿の弟橘姫伝承はすべて『古事記』のそれに拠ったが、同じこの伝承を『日本書紀』の記述と比較すると、そこには雲泥の相違がある。

まず姫の身分であるが、『記』が「后」として最高位の扱いであるのに対し、『紀』は「妾」とし、そればかりでなく、その入水に関する描写もほとんどみられない。

「后」とは高位の女人を意味するが、高位ほどその呪力の重要性が意識されていたことを示し、同時にそれは、その効果への期待も大きかったことの証拠でもある。そうしてそのような女人の軍中の存在は、女陰信仰の強さ、ひいては女性優位の思想の由来の深く遠いものであることを示唆する。

中国思想の影響が強い『紀』には、このような面が全くみられないのは、むしろ当然であろう。

美夜受姫訪問

『古事記』によると、ヤマトタケルは初め、東征の途次、尾張の美夜受姫を訪ねたが、その際は何らかの事情で目的は果されず、いずれまた、ということだった。

そこでその帰途、「今度は」と思って姫を訪うと、生憎なことに姫は月の障りであることが判った。そのもどかしい思いを歌にして姫に贈られたのが、有名な例の歌である。

・ひさかたの　天の香具山　利鎌に　さ渡る鵠　ひはぼそ　手弱腕を　枕かむとは　我はすれど、さ寝むとは　我は思へど　汝が著せる　おすひの裾に　月立ちにけり

これに対し姫は次のように答える。

・高光る　日の御子　やすみしし　我が大君　あらたまの　年が来経れば　あらたまの　月は来経ゆく　うべなうべなうべな　君待ち難に　我が著せる　おすひの裾に　月立たなむよ

こうした遣り取りはあったものの、『記』には、続けて「……故ここに御合したまひて」とあるから、その期間をやり過ごして、無事思いは、とげられたのであろう。

『日本書紀』も、月の障りについての言及はないが、美夜受姫の許に「……淹留《とどま》りて月を踰《こ》えたまふ」と記している。つまり相当の期間、姫の許に滞在されたわけで、『記』の「御合したまひて」に照応し、結婚の成就を暗示している。

女人の月の障りは、戦地から帰還して、大いに寛ぎたい男性にとって、取分け迷惑なことだったろう。そこで何とかその間を堪えて、思いを遂げれば、平常に勝って精気も使い果してしまうのではなかろうか。

皇子は心身ともに藻抜けの殻同然だった。「伊吹山に荒ぶる神がいる」、と聞かれたのは正にそのような時であった。尾張から伊吹山は近い。しかし「そんなものは素手で十分」と考えられたのは何としても油断だった。こうして守護神ヤマト姫親授の草薙剣を美夜受姫の許に置いたまま皇子は伊吹山に向ったのである。

ヤマト姫の呪力の後盾なしに、また武人としても丸腰という普通では考えられない状態で山入りされたその結果は、たちどころに現われて、まず白猪と化って行手をさえぎる山の神を、その使者と思い誤って、そのままやり過ごしてしまう。

しかもその際、その山の神に対し、「お前は山の神の使いに過ぎないから、帰る時に殺してやろう」とまで「言挙げ」された。

五行の法則では、「言」は金気に配当され、「金生水」の理で、水を生ずるもの。

またこれは後述するが、「猪」即「亥」で、「亥」は「女」、つまり十二支の最終で「陰」、また水の始めでもある。水を得意とするこの女の山の神は、皇子の「言挙げ」によっていよいよ勢い付き、大氷雨降らせて皇子を苦しめ、正気を失わせる。

白猪という山の神の巨大な女陰のなかで皇子はこうして正気を失い、足萎えとなって結局、亡くなるわけであるが、その元はといえば、美夜受姫にあるように思われる。ヤマトタケルの物語は、美夜受姫の件りになると、そこにある変化が感じられる。その変化とはここに来てヤマトタケルの運勢にある翳《かげ》りが萌したことで、著者はそれを「美夜受姫の月の障り」、「伊吹山の神の噂」、「佩びられなかった護身の剣」等の記述の中に暗示している。

というのは、姫の月の障りは、「皇子にとって気に入らないこと」であって一種の蹉跌、「伊吹山の神の噂」は悲劇の始まり、「剣を帯びない丸腰」は、彼の運命にとって全くの致命傷、で、いずれも皇子の運勢を殺ぐ事象だからである。

そうしてその暗示は早くも伊吹山中の受難という現実となり、急転直下、この英雄の不測の夭死という結果をみることになる。

伊吹山の災難　ヤマトタケルの最期――山の神の呪力

ヤマトタケルの最期は英雄の死というには余りに脆くはかないが、それは連戦連勝の揚句に疲れ果てた英雄の姿ともうけとられ、それ故に一層いたましく悲しい悲壮感をただよわせている。しかしこの美しい叙事詩も仔細に検討すれば、ここに潜められているものは古代日本人の女陰に対する畏怖なのである。

そこでくり返しになるが、重要な点をひろうと、

①ヤマトタケルは守護神とみられるヤマト姫親授の神剣を美夜受姫の許においたまま、素手で尾張から西北に当る伊吹山の神を退治に出かけた。

②山の神はヤマトタケルに対し直接何の危害も加えてはいない。只、自分の山に入ってきたものに対し、大氷雨をふらせ、まどわせ、精気を抜いて、退散させたに過ぎない。

③その死因は精神朦朧、及び足萎えである。

④ヤマトタケルの東征は、伊勢・尾張にはじまっているが、その最後も大体伊勢・尾張である。ということになる。

・考　察

伊吹山は尾張からは西北・乾（戌亥・犬猪）の方に当る。

西北といっても亥に近く、北方よりである。そこでこの亥の方を、十干・十二支・九星によって

みると次の通りになる。

十二支　亥（猪）

十干　壬（水の兄）

九星　六白（六白の象徴するものは太始・妊・高山）

十二支における亥（猪）は子・丑・寅と数えると最後の十二番目であって、六番目の巳（蛇）の対中である。蛇は剣と共に男根の象徴とされる。男根の向う処は女陰である。従って六番目の蛇の対中の十二番目の猪は、「十二山の神」といわれ、女性、それも女陰を象徴する。山の神はふるくは蛇であるが（『書紀』のこの場合の山の神は蛇となっている）、陰陽五行導入後は猪となったと思われる。それは九星において西北は山を象徴し、十二支でこの西北を占めるものが猪だからである。そうしてこの西北は六白であるから色は白。山の神、白猪はここから生まれたものであろう。女陰は水をその特色とする。西北は十干で壬であって、水を象徴する方位である。

山の神・白猪は女陰の象徴で、その神は水を武器とし、つまり氷雨を降らせて、素手で山に入り込んできたヤマトタケルの精気を抜く。山の神はヤマトタケルに対して何の暴力も振ってはいない。只姿をみせたことと、氷雨を降らせただけである。それだけのことでどうしてこれ程の英雄がフラフラになってしまったのか。

ヤマトタケルはオナリ神のヤマト姫から授かった神剣をおいて来てしまっている。もしその神剣があれば、それは女から授かったものであり、しかも強い呪力をもった男根の象徴であるから、山の神の「入れて出す」呪力に十分に対抗出来た筈である。神剣には男女両性の呪力があったに相違ない。ヤマトタケルは呪力の庇護のない只の男として、一方的に、強大な女陰としての山の神の呪力に精気を吸いとられ、消耗し切って、萎え果ててしまう。足萎えは恐らく男根の萎えの暗喩であろう。

男根の動きの特色はその入った同じ処から出てくることである。

伊吹山が巨大な女陰の象徴ならば、ヤマトタケルは一個の男根の象徴であろう。

ヤマトタケルが山の神から吐き出されて足萎えとなり、消耗の果てに生命を失った処は伊勢の鈴鹿であるが、それは此度の東国遠征の往路と同じ伊勢路だったのである。

こうしてみてくると、いわば男の中の男、一世の英雄、ヤマトタケルではあるが、その彼を背後から支えているものはそのオナリ神の力、女の呪力であって、その女の呪力の保護を失ったときは、さしもの英雄も最早、英雄ではなく、より強力な女陰の呪力の前にくずおれる存在にしか過ぎなかったのである。

戦とは時に女陰の呪力較べであって、その呪力に、より一層つよく支えられているものが勝つのである。前にも述べたように、「女は戦の魁」といって戦陣の先頭に互いに女を立てて、呪詛しあい、雌雄を決したと思われる古代日本の戦の在り様が、このことから推測される。サルタヒコに向って前を露わにし、その女陰の呪力、「入れて出す」力によってアメノウズメも敵を降したのであった。

伊吹山の神という巨大な女陰の呪力に対抗し得るものは、同じ女陰の持主であるヤマトタケルのオナリ神、ヤマト姫親授の神剣でしかなかった。それを身に着けて行かなかったのがこの英雄の運の尽きだったのである。

ヤマトタケルの物語は底知れない女陰の呪力に負け、生命を失ってゆく英雄の姿を描き出す。この物語は、女陰の呪力を信ずるなどという今日の我々からみれば全く途方もない感覚の持主である古代人の中に生まれ、結実した伝承なのに、なおすぐれた叙事詩として、その英雄の悲しみ、傷ましさは私どもにも迫ってくる。それは呪術が芸術にまで高められているからであろうが、他ならぬこの呪術の芸術にまで高められているそのことが、今日まで日本人自身その古代を理解できなかった原因となっていたのではなかろうか。

もしこの伝承が卑猥な女陰信仰で終っていたならば、古代日本人の意識の底にあるものを後代の日本人はもっと早く気付いていた筈である。しかし古代日本人が余りにすぐれた芸術家であったために、この伝承の背後に潜む呪術についに人は気がつかなかった。この伝承のもつ詩情に酔わされてしまっていたのである。そうしてこの物語の詩情は死後、白鳥となって天駈けるヤマトタケルの魂の描写で最高潮に達し、余韻を残して終わるのである。

天翔る白鳥

臨終近いヤマトタケルはふるさとの大和をなつかしみ、望郷の思いにとざされながら能煩野《のぼの》で死に、その地に葬られる。しかし魂はその陵に鎮ろうとせず白鳥と化って飛び立つ。そうして河内の志畿に至るが、そこに作られた陵からも又、飛び立って、ついに天際に消え去ってしまうのである。

これは『古事記』の伝承で『書紀』のそれとは多少異なってはいるが、大筋は略同じで、ヤマトタケルの魂は白鳥と化して、西へ西へと飛び去ったことを共に記している。

沖縄では今もなお白い鳥をオナリ神の象徴としている。それは古代日本でも同じことだったと思われるが、多分それは原始信仰に、十干十二支が習合されてから以後の考え、或いは信仰であろう。序章でも述べたように、原始信仰において「西」は女・死の方位であるが、十二支における「西」は「酉」(鳥)、四神における「酉」は「白虎」、五行における「西」は「金」でその色は「白」である。これらを組み合わせてゆくと、白鳥は西・女・死をあらわし、それ故にオナリ神の象徴たり得ていると思われる。

西へ沈んだ太陽が翌朝は再び東から上がるように、西へ西へとゆくことは結局、東の常世に再生することになる。ヤマトタケルはオナリ神に導かれて永遠の常世に再生するのである。それはこの哀れにも美しい英雄の死を惜しみ、常世に再生させなければ気のすまない人々の心がそうさせるのであって、西へ西へと天翔る白鳥の姿の中に、民族の英雄はいつまでも生きつづけている。


ヤマトタケル伝承の中にはこうして最初から最後までオナリ神の影が揺曳し、同時に女陰のもつ呪力への畏怖をつよくその底に潜めている。こうしたことはすべて記紀撰上の時代というものの意義を私どもに考えなおさせるものではなかろうか。

ヤマトタケル伝承に含まれる諸問題

ヤマトタケル伝承は、英雄としての条件をすべてその一身に備えた皇子を主人公に展開する物語である。同時にこれは古代日本に浸透していた呪術をその基礎にしっかりと据えた一大叙事詩でもある。

このように詩としてこの物語をみるとき、ここには詩の法則、起承転結が備わっているように思われる。

まずこの伝承の始めには守護神ヤマト姫が登場するが、そこには「女の力」が殆ど完全な「正」として作用《はたら》いていて、多くの筆が割かれている。

しかしその「正」としての作用は、弟橘姫の入水を頂点に、この女の力はやや「負」の方向に向い、美夜受姫との出会いを転機として、ヤマトタケルの運命には暗さが萌す。最後は、伊吹山の神のもつ女の力が、皇子にとっては完全な「負」となって作用し、その生命を奪うに至る。

「起承転結」のうち、難しいのはその「転」であろう。この筆者もそれを心得ていて、美夜受姫との関係に一入こだわり、伊吹山の遭難に至るまでの要因が、先にも触れたようにここにはいろいろの形で記されている。

こうして最後は、「山の神」という巨大な大自然の女の力の中に、あえなく搦めとられて、さしもの英雄も生命を落とすことになる。

同じ一人の人間に対する「女の力」が、人間の場合は「正」としてその生命を扶け、大自然の場合は「負」となって生命を奪う。その描き分けの対比も重要で、古代日本人の大自然への畏怖も、呪術の視点から捉えられているわけである。

ヤマトタケルが山の神の呪力に敗退するこの物語と、その源を同じくするものが、時代はさかのぼるが、初代の神武天皇の東征途上での遭難であろう。

熊野山中で、姿をチラとみせたにすぎない山の神の力の前に、天皇を始め、その全軍が精気を失い仆れ、伏す。危急をきいて、直ちに行動をおこされたのが天照大神で、時を移さず宝剣を贈り、また、ヤタカラスを遣わして天皇の軍を先導させる。

カラスは鳥ではあるが、その文字「烏」は、文字の中に「空洞」がある。この空洞が易の離卦の空洞（☲）に見立てられ、離卦は中女、即ち十五歳から三十歳の女を象徴するので、カラスは「女」ということになる。

「女は軍の先駆け」なので、このカラスの先導と、同じく神与の宝剣のおかげで、神武天皇は危地を脱し、無事目的を達成された。

何もせず、ただ目の前に姿をみせたに過ぎない山の神の呪力の前に、神武帝もヤマトタケルも、共に精気を抜かれ、正気を失うところは、両者ともに全く同一である。

違うところは、そこに救援の手があったか否かで、天照大神という絶大な女の呪力の後盾があった神武帝は危地を脱し、それを欠くヤマトタケルは落命する。

神武天皇とヤマトタケル、この両者の遠征途上にみられる同一現象と、その異なる処を、同工異曲と簡単に片づけてはならない。

ここにみられるのは古代日本、或いは倭の国に根強く存在した戦さの場における女人の力、要するに「入れて出す」、或いは「死に至らしめる」女陰に対する確固たる信仰である。

その根強さの故に、度々顔を出すことになり、それ抜きに話は展開しないからである。

更に注意すべきは原始信仰ともみられるこの古い思想の理由付け、或いは説明が、『記』『紀』、ことに『古事記』のなかで、屢々、「陰陽五行」、「易」の法則によってなされていることで、神話、古伝承の筆録時代には、これらの法則が広く深く浸透し、識者の間では常識になっていたことが窺われることである。

Ⅱ　古代日本の女性天皇

序

第一部でみたように、原始日本は蛇を祖神とする故に祭祀者は女に限り、その最高蛇巫は、女帝に等しい存在だった。

この第二部は中国哲学導入後の「日本の女帝」が、そのテーマであるが、この原始日本の遺習により、古代日本人は女帝に対して違和感がなかった。

しかし初代女帝、推古天皇の時代から、既に中国における女帝不在の原理は、よく理解されていたので、当事者はその対策に心を砕き、その徳不足克服の努力が根強く試みられた。

しかしその手段方法は、時代の推移と共に女帝毎に異なり、その状況は次表の通り。

- 推古天皇……………「乾徳」の象徴・聖徳太子を摂政に任ずる。
- 皇極天皇……………宇宙万般を平準化する「水」の力依存。水の星座・玄武宿を明日香の地に造型。
- 持統天皇……………同じく「水」の力依存。「天神寿詞創出」と「吉野行幸」。
- 孝謙天皇……………大仏造顕（施与力期待）。

ここで注意されるのはいずれの女帝も、「天皇」を名乗っておられることである。仮に本書では「女帝」という名称を使っているが、本来女帝という名称は日本にはなく、皇位を践《ふ》んだ方は男女を問わず一律に「天皇」である。何故かといえば日本の天皇は北極星の神霊化で、宇宙の絶対者である。絶対者に性差などは認められないから、他国のキングとクィーンの如き相対に対応する名称はないわけである。

これらの相対は王権を神与のものとする考えに基づくと思われるが、事情は中国も同様で、地上の君主の上に天帝が存在し、その命令によって前朝を倒し、新王朝を建てること、即ち革命も可能であるが、日本にはこの革命も、前述の性差もない。

「宇宙の絶対者」が日本の天皇の本質で、この本質に従って革命もなく、性差も問われず、天皇は天皇なのである。

第二部の冒頭において殊にこの点に触れたのは、しかもなお女は女、究極的には中国の哲理に服し、孝謙天皇を最後に、徳川期の二女帝を除き、女帝は姿を消してしまう様相を述べたかったからである。

第一章　第三十三代　推古天皇

第三十三代、推古天皇は日本最初の女帝として、五九二年即位、六二八年崩御になるまで、三十六年間という長期政権を保持し、内治外交の実を挙げ、国力の進展に寄与された偉大な帝王であった。

欽明天皇十五年（五五三）、蘇我稲目の娘堅塩姫を母として生誕、幼名は額田部皇女と称された。『日本書紀』は「その容姿端麗、挙措動作、行動のすべてに亘って節度があり、立派な風格を備えておられた」と記している。十八歳で敏達天皇の妃となり、二十三歳、立后。天皇との間に二男五女を設けられたが、天皇は皇后三十二歳の時、崩御になった。

続いて、磐余の池辺双槻宮に即位されたのが、同母兄の第三十一代用明天皇。僅か二年のご在位で用明天皇崩御の後、第三十二代崇峻天皇（五八七—五九二）が立たれたが、この天皇が蘇我馬子によって弑せられると、その後、衆望を担って皇位につかれたのが、推古女帝であった。

この時代の流れの中には、皇位をめぐっての激しい政争、慌しい政局の動きと混迷、が窺われるが、推古天皇の登極はそれらに終止符を打つものだった。

多くの廷臣の願いを容れ、この難局に当って即位された天皇は、よく時局を収拾して前記のように三十六年間という長期安定政権を維持し、それに伴う国力の充実の成果を挙げられたわけである。

その当時、皇位を目指す皇子達を却け、推古天皇が日本最初の女帝として即位するに至るまでの背景、道程、ひいてはその長期政権維持、等についてはその一つ一つに理由があり、方策があったはずである。如何に人並外れた能力に彼女が恵まれていたとはいっても、それだけでこのような成果が得られるはずもなく、その時々に様々な術策が講じられていたに相違ない。

そこで先ず彼女の登極を可能にした要素、つまりプラスの力が作用した面を考え、次にむしろマイナスの面の作用を見、そのマイナス面に対しては如何にこれに対処したか、を見る必要があると思われる。

物事には必ずプラスとマイナスが、表裏の関係で作用しているものである。

しかも個人の処世術においても、マイナス面の対処が、プラス面のそれよりも余程重要であるのと同様に、国家の問題となればそれは更に、重要度を増す。推古天皇登極に際してのプラスとマイナス面を見ることによって、推古期の実体は初めてつかめるのではなかろうか。

即位に作用したプラスの力

推古天皇登極時の環境を、そのプラス面から挙げると、それは次のような順位になろうか。

①女帝に対して違和感がなかったこと

②最高実力者・蘇我馬子の姪ということ

③尊貴の出自とその資質
④混迷する政局

①について

前章で考察したように、原始日本社会は、祭祀面、軍事面において女性上位が浸透していた。祖神を蛇とする以上、男性原理に立つこの祖霊の祀り手は、そのすべてが女性に委ねられ、神をよろこばせる手段として「性」が祭りの中核にあった。中国哲学が招来され、序章でふれたように祭りが性から「食」へ、即ち、神饌の供進が祭祀の第一義になるようになっても、依然としてその当初は遺習の結果、祭りの主導権は女性にあったと思われる。

推古天皇の和風諱「豊御饌炊屋姫《とよみけかしぎやひめ》」。これはそのものズバリ神饌を炊ぐ所の女神官を意味する。神饌供進は最重要神事なので、推古天皇は最高巫女であり、女帝への軌道にもっとも近く、その登極について周囲は何の違和感もいだかなかったと推測される。

②③④については今更いうまでもなく、「権力者の後盾」が、権力者になる必要不可欠な条件で、それが最短距離であることは昔も今も変わらない。この後盾に加えて推古天皇の血統の尊貴さはこれまた抜群であって、皇女・皇后・大后というその経歴は非の打ち処がない。容姿・風格に至っては、とかく点のきびしい『書紀』の筆者が精一杯の讃辞を呈している。推古天皇は泥田にも似た混迷の政局の中から、廷臣達によって推挙された、いわば、香り高い大輪の花である。その治世が三十六年間もつづいたことは、当然といえば当然のことであった。

即位に対するマイナスの力

それでは推古天皇即位に対して作用《はたら》くマイナスの力とは何か。
それは序章でも触れたように、中国の制度に女帝皆無をもたらしている陰陽思想である。それによれば陰陽二気のうち「陽」の気は、これを易の乾（天）の卦で示せば、☰満杯の象、「陰」の気は、易の坤（地）卦で示せば、☷即ち全爻不足の象である。陽は男なので、満杯の象をもち、男帝ならば大いに人民に施しが可能であるが、女にはその力がない。施し不可能の君主など君主たる資格がないとされるのである。

日本の天皇は、原初唯一絶対の存在を象徴する北極星の化身である。既に陰陽の相対を超越した存在のはずであるが、女帝の場合にはやはり、「陰」、つまり「陽」の満杯に対して、不足、欠如、という不徳がつきまとう。

マイナスの力の一資料——推古七年「大地震エピソード」——

「七年己未春三月。太子候望天気。奏曰。応致地震。即符天下令堅屋舎。夏四月大地震。屋舎悉破。太子密奏曰。天為男為陽。地為女為陰。陰之理不足。即陽迫而不能通。陽道不慎。即陰塞而不得達。故有地震。陛下為女主居男位。唯御陰理不施陽徳。故有此譴。伏願徳沢潤物。仁化被民。天皇大悦。下勅天下。今年調庸税租竝免。」

（『聖徳太子伝略』上）

訳

「七年春三月、聖徳太子が天気を観測されると、地震が予知されたので、天下に令して家屋を強固にさせた。

夏四月、大地震が来て、多くの家屋が倒壊した。そこで太子は密かに奏上された。「天は男で陽、地は女で陰。陰の本性は不足。この不足を象《かたど》る陰卦は中断していて（☷）不通の象。従ってもし盛んに活動する陽気の本性を考慮にいれない場合には、この陽気は陰気にはばまれて、行き場がなく、このような陽気のエネルギーは地震となって現れます。陛下は女主であって、本来、男であるべき「陽」の位についておられ、打つ手もなく只徒《いたず》らに「陰」の本性に居座《いすわ》っておられ、陽徳、即ち天下の富を動かす施しをなさいません。そこでこの天譴が降ったのです。この上はひとえに仁徳を以って大いに民生を潤して下されますよう伏してお願い申し上げます」と。

天皇はこの忠諫を可とし、直ちに令を下して、その年の租、庸、調のすべてを免ぜられた。」

このエピソードを伝えている『聖徳太子伝略』は、平安初期の著作とされ、筆者は不明である。その内容については多くの論があるが、『日本書紀』が簡単に述べているところを、その背後から理をつくして解説している場面もあり、この挿話のように、陰陽思想の真髄を、要領よく伝えているのは、正に重要資料の資格十分と思われる。

くり返せば、この「地震論」は、帝王としての女帝の不適格性が具体的に示されている得難い資料である。

陰卦（☷）の特徴、即ち断絶・不足・不通は、人民に対し、無限の施与を要求される君主にとって正に致命傷である。

この資料は、中国における女帝不在の根拠が、当時、既に理解されていたことを示すと同時に、その致命傷を負う女帝の立場が真向から論じられている。

この弱い立場は当然、補強・修復されなければならないが、それはどのように行なわれたか。

マイナス面の修復

前述のように推古天皇は、天皇という絶対の存在であるにもかかわらず、やはり女性なので、国母、即ち、「坤の君」と一般に観念され、「乾」に対する相対的存在と見做される。そうして、この「坤の君」は、「乾の君」を得て、はじめて陰陽のバランスを得、その本性の「不足」が補われる、と考えられた。

そこで五九二年、即位されると、次の年には、当時、無類の碩学にして且つ甥（用明帝皇子）に当たる聖徳太子を皇太子に立て、万機摂政を委ねられる。従って推古朝における聖徳太子の本質は、何を措いても、「乾の君」である。

これらの事象を念頭に、略年譜をみると、いろいろのことが判然《はっきり》して来る。

【推古天皇主要略年譜】

五九二　壬子　　十二月八日　推古天皇豊浦宮即位。

五九三　癸丑　元年　　四月十日　厩戸皇子を皇太子に立て、万機摂政を委ねる。

六〇一　辛酉　九年　　二月　皇太子、斑鳩に宮室をおこす。五月天皇耳梨行宮行幸。

六〇三　癸亥　十一年　十月四日　小墾田宮遷都。

六〇四　甲子　十二年　一月一日　初めて暦日を用う。皇太子十七条憲法制定。

六〇七　丁卯　十五年　七月三日　小野妹子を隋に派遣。各国毎に屯倉をおく。法隆寺建立。

六〇八　戊辰　十六年　四月　小野妹子、隋使を伴って帰国。妹子、隋使を送る。高向玄理随行。

六二八　戊子　三十六年　七月　天皇崩御。

辛酉（革命の年）において行なわれたこと

- 天皇…耳梨行宮（豊浦より子方）滞在
- 太子…斑鳩宮（明日香より戌亥・乾方）造宮

辛酉の年は革命、甲子は革令の年とされるが、共にものの始まりの時、宇宙の流れが変革する時である。

耳無山は豊浦の真北、子方に当たるが、辛酉の年を期して、天皇はその本性に従って、子方の耳梨の行宮に居られ、一方、皇太子も斑鳩に新しく宮居を設けられるが、斑鳩は、豊浦からも、耳無山からも乾（戌亥）方に当たる。

辛酉の年（六〇一年）における両者のその本性に適した方位への動きは重要である。

つまり、「坤徳」の女帝は「乾徳」の太子を得、この陰陽のバランスがとられた上で、天皇本来の「子方」に移られたわけである。

「子を混沌となす」と『五行大義』にあり、混沌とは太極なので、「子方」は地上の太極として日本では意識されていた。

これによって日本の国家の構造が初めて判然と定められ、以後、大和朝廷の諸帝王の北方遷都は平安遷都までくり返され、取分け、女帝達の水に対する執念の初発もまた此処に見られるのである。

なお、六〇三年、推古天皇は小墾田宮に遷都される。この宮を一般に高市郡処在とするが、古く貝原益軒が耳無山に近い大福をそこと考え、現在、三十八社神社の石川繁男宮司も同じ説を唱えておられる。私もこの説に従いたい。年譜にみられるように、この遷都は、亥年亥月という五行でいえば水の時に行なわれている。時間空間は相即不離で、しかもこの方位は天皇象徴の方位である以上、耳無山近くの大福が、そこに比定されるのは当然ではなかろうか。

『易』「説卦伝」による馬

聖徳太子はその学識によって時宜に適《かな》った忠告をして、よく推古天皇を扶けられたが、実は「乾の君」としてのその存在そのものが女帝を扶翼する力の根源なのである。

この「乾の君・聖徳太子」を如実に示すのが、その愛馬、「甲斐の黒駒伝承」である。

「乾」と「馬」の関係は、「説卦伝」にみられる。

「乾為馬。坤為牛。……」（「説卦伝」第八章）
「乾為天。……為良馬。為老馬。為瘠馬。為駁馬」（「説卦伝」第十一章）

ここでみられるように「乾」とは動物では馬に宛てられる。そうして聖徳太子と馬は、切っても切れない関係にあり、太子は愛馬、甲斐の黒駒に乗って、斑鳩と、小墾田の宮の間を往来されるが、『伝暦』はその馬の由来を詳しく述べている。

「六年戊午　夏四月。太子命左右求善馬。併符諸国令貢。甲斐国貢一烏駒四脚白者。数百疋中。太子指此馬曰。是神馬也。余皆被還。令舎人調使麻呂加之飼養。秋九月。試馭此馬。浮雲東去。侍従仰観。麻呂独在御馬之右。直入雲中。衆人相驚。三日之後。廻轡帰来。謂左右曰。吾騎此馬。躡雲凌霧。直至附神岳上。転至信濃。飛如雷震。経三越竟。今得帰来。麻呂汝忘疲随吾。寔忠士也。麻呂啓曰。意不履空。両脚猶歩。如踏陸地。唯看諸山在脚之下。」（『聖徳太子伝暦上』）

訳

「六年夏四月、太子は諸国に令を下し、良馬を徴された処、甲斐の国が四脚の白い黒馬を貢進して来た。数百疋のうち、太子はこの馬を指して、これは神馬である、といわれ、舎人麻呂にその調教を托し、他の馬はすべて返された。秋九月、この馬を試乗されると、馬はそのまま雲にのって東方に去った。侍臣たちが驚いて見上げていると、麻呂だけが御馬の右にいて、馬はたちまち雲中に姿を消した。三日後、太子を乗せて馬は戻って来た。太子が仰せられるには、「自分がこの馬に乗ると、すぐ雲を踏んで富士山の上に至り、信濃に転じて雷の如くとび、越の国をへて今帰り着いた。麻呂は疲れも厭わず私に従って来たが、本当に忠義ものだ」と。麻呂は「私の両脚は空ではなく地上を踏んで行くようでしたが、只、多くの山々を脚下にみる思いでございました」と、奉答した。」

神異ともいうべき最初のこの出会い以後、太子の生涯はこの馬と相即不離となり、日毎の斑鳩と明日香の往来に黒駒は常に奉仕することになる。そればかりではない。黒駒は時に太子自身よりはやくその心を悟っているかのように、その進退行動はまことに霊妙であった。とりわけ太子と黒駒の一身同体ぶりは、この主従の死に際しての在り様にもよくうかがわれる。

「太子薨日。黒駒嗚呼。不喫草水。被太子鞍。随輿至墓。閇埏之後。見墓大鳴。一躍而斃。群臣大異。将還其戸。埋中宮寺南墓。一説。辛巳年十二月廿二日斃。太子愴之。造墓而葬。墓今在中宮寺南。長大墓是也。」(同前)

訳

「太子薨去の日。黒駒はその死を深く悲しみ、飼葉も喰《くら》わず水も飲まず。ご生前そのままに背に鞍を負い、ご葬列に加わって輿に従い、埋葬が終ると陵墓を仰ぎ一際たかくいないて、一躍するや、息絶えた。このふしぎな有様を目の当たりにして群臣一同も深く感動し、その死を哀れんで中宮寺の南に葬った。

一説に、黒駒は太子薨去の一日前、つまり十二月二十二日薨れた。太子はこれを悼んで中宮寺の南に墓をつくり、手厚く葬られたという。「長大墓」というのがこれである。」

たとえ黒駒の死が太子薨去同日であろうと一日前であろうと、黒駒が太子とその生死を共にしたことに変りはない。生死を共にしたということは、黒駒は太子と一心同体、従って太子の存在は「乾」そのもの、「乾」の具体化、ということであって、これこそがこの伝承が作られ、伝えられて来た真因だった。

陰陽二徳の統合体・天皇ではあっても、所詮、坤徳一方の女帝にとって、乾徳の太子の存在そのものが必要不可欠なのであった。

馬を「乾」とする「説卦伝」の定義を念頭においてこの資料をみれば、その内容がいかに荒唐無稽であろうと、太子の本性が、乾徳以外にはないことが実感される。

この挿話における馬と太子の一体化は、太子における「乾徳」の本性の実現・実証である。

黒駒エピソードの究極にあるもの、それは君主に要求される「徳」であって、即ち

・その徳の不足超克

・その徳の完成期待
・その徳の実現願望

と解される。

太子の名の意味するもの

聖徳太子の通称は「厩戸皇子」。その名は、母后（用明天皇の皇后・穴穂部間人皇女）が懐妊中、宮中の厩戸で俄かに産気づき、難なくこの皇子をご出産になったということに由来する。厩戸の「戸」は、おそらく「処《と》」で、要するに馬屋そのものを指す。馬屋を産屋としてご誕生になったということは、前述の黒駒伝承同様、太子が馬と相即不離であることを暗示していて、切っても切れないその両者の関係がここにもまた窺われる。

太子と「午」

十二支の「午」は『論衡』（王充撰　二七―八九）において、「馬」に配当されている。聖徳太子の生年歿年は、

・生年…五七四　甲午（『上宮聖徳法王帝説』）
・崩年…六二二　壬午（　　　同右　　　）

その生歿共に「午」であって、午に始まり、午に終るご生涯であった。
もちろん絶対に正確な年次とはいえないが、このように記録されている事実が重要である。
更に挙げたいのは諸本にとられている次の挿話である。

「…生而能言。有聖智。及壮一聞十人訴。以勿失能弁。兼知未然。且習内教於高麗僧恵慈、学外典於博士覚哿、並悉達矣。父天皇愛之、令居宮南上殿。故称其名。謂上宮厩戸豊聡耳太子」

(『日本書紀』巻二十二)

訳

「…太子の聡明ぶりを愛された父帝、用明天皇は、特に大宮の南の上殿《うえのみや》に居《は》らしめられた。そこでそのみ名を称えて上宮厩戸豊聡耳太子と申し上げる。」

「先天易」では、明るい南を「乾」「天」「上」とし、北をそれに対し、「坤」「地」「下」とする。当然、十二支では、南は「午」、北は「子」である。

用明天皇は聡明な太子を愛《いと》しんで、天上を象徴する上宮を太子の御殿とされたので、以後、それ故に「上宮聖徳太子」は、太子の御名ともなったのである。

「厩戸皇子」「上宮聖徳太子」、この二通りの太子の御名の意味するところは、結局一つであって、共に「乾」。

聖徳太子は、その名によっても推古女帝扶翼の任を負う存在たることが明示されている。

十七條憲法・冠位十二階の制定

為政者・聖徳太子の業績として先ず挙げられるのが十七條憲法と冠位十二階の制定である。

憲法第一條「和を以て尊しとなす」の「和」の究極の意も、冠位十二階の最高位を象徴する「紫色」のそれも、共に「陰陽の調和」であって、女帝の治世における不足を補う意図によるものと考えられる。

第二章　第三十五代　皇極天皇・第三十七代　斉明天皇（皇極天皇重祚）

第三十五代皇極天皇（在位六四二―六四四）は舒明天皇皇后。蘇我氏一族滅亡後、同母弟の軽皇子（孝徳天皇）に譲位。孝徳天皇崩後に重祚して、第三十七代斉明天皇。

第三十七代斉明天皇（皇極天皇重祚、在位六五五―六六一）

孝徳天皇崩御（六五四）後、大化改新の実力者中大兄皇子が即位されない為、六五五年飛鳥板蓋宮に即位。この宮炎上の為、飛鳥岡本宮に移る。四年（六五八）、阿部比羅夫、蝦夷討伐、六年（六六〇）、唐・新羅連合軍に敗れた百済救援の為、援軍を送り、親ら筑紫討伐に向かう。進発直前、陣没。越智崗上陵に葬る。

以上が皇極天皇（重祚して斉明天皇）の略歴である。

この女帝の生涯は、まず当時の最大氏族、蘇我氏打倒という国家一大改革の渦中に在位、弟帝の難波の都から再び故都飛鳥に戻っての首都経営、その在位の間における一大土木工事、東北の鎮撫、百済救援の親征、等、十年に満たない二度目の在位の間に、目まぐるしい大事業の連続である。

その間の事柄の重要性は、いずれも甲乙をつけ難いが、「天皇の位」に対する意識を推理する上において重大なことといえば、その飛鳥における殆ど前代未聞の大掛かりな土木工事がまず第一に挙げられる。

女帝皇極天皇、登極の背景

国家の誕生とは、簡単にいえば統治能力のあるものが主権者として定まり、それに従属する人民が自然に存在するようになった状態、及びその時を指す。

国家とその主権者誕生の必然性については、一つの法則が古代中国では考え出された。それが「五徳終始説」であるが、その基盤にあるものは古代中国哲学、易、五行の宇宙観である。

古代中国哲学とその宇宙観

『淮南子』によると、原初、宇宙は天地未分化の混沌たる状態であったが、この混沌から光明に満ちた、軽い澄んだ気、つまり「陽」の気がまず天となり、次に重く濁った暗黒の気、すなわち「陰」の気が沈んで地になったという。この「陽」の気の集積が「火」となり、火の精が「太陽」となった。一方、「陰」の気の集積は「水」となり、水の精は「太陰」つまり「月」となったと説かれている。

陰陽五行思想の理解には、この陰陽二元を派生する最初の存在、一の数によって象徴される太極の把握がもっとも重要である。この太極の神格化が「太一神」であって、太極即太一なのである。

太一から派生した天地・陰陽はまた太一の中に包摂されるから、陰陽五行思想は、一名「太一陰陽五行思想」とよばれるわけである。「一」「太一」「太極」はすべて宇宙本元の普遍的絶対的一を意味するから、二元思想とされる陰陽思想は、太一の一に還元される一元思想としても同時に把握される。

この中国哲学はまた天文思想と密接に結びついていて、北天の北極星を宇宙の大元とみて、それを神格化して「太一」としている。太一はまた原初宇宙の唯一絶対の存在である混沌、または太極の神格化でもあって、北極星＝太一、太極＝太一ということは、この間の事情をよく物語っているものであろう。

一　五徳終始説について

前述のように陰陽五行思想では、唯一絶対の混沌から派生した天地は元来、同根であり、したがって天地は互いに交感しあうものとする。地の象は常に天に反映し、為政者の治世がよければ、天帝は瑞祥を下してこれを嘉賞し、これを扶ける。それに反し、もし政治が天意に背けば天寵は失われ、王朝は交替する。つまり天人相応の思想で、これによって革命の必然性が肯定され、これが易姓革命の原理となっている。

一方、万物は流転し、その栄枯盛衰の自然の理によって宇宙の永遠性は保証される、という五行の原理からも王朝は当然、交替するものとされ、ここに五徳終始説が生じた。

王朝の交替が、

生数順＝水・火・木・金・土

相勝順＝水・火・金・木・土

相生順＝木・火・土・金・水

のいずれの順によるかは、古来、議論の種であってその解明は複雑困難である。それをごく簡単に説明するとおよそ次のようなことになる。顓頊《せんぎょく》は中国上古の帝王であるが、また星の名でもあって北方虚宿をさし、顓頊は水徳で、位は北方にある、とされている。そこで新城新蔵博士は、

「思うに『国語』の著者（周・左丘明）は、五行相生説によって帝王相承の順位を

顓頊（水）　帝嚳（木）　堯（火）　舜（土）　夏（金）　殷（水）　周（木）

とみたのであろう。（中略）後に秦が天下を統一したときには、鄒衍《すういん》の五行相勝説によって帝王交替の順位を

黄帝（土）　夏（木）　殷（金）　周（火）　秦（水）

とみて、秦は水徳を以て王たるものと考えた」（『東洋天文学史研究』）。

と述べておられる。

一方、飯島忠夫博士は『左伝』昭公十七年の条をひき、王朝の順位を記されているが、それを要約すると次のごとくである。

「『左伝』郯子来朝の記事によると王朝の順位は、

太皞（木）—共工（水）—炎帝（火）—黄帝（土）—少昊（金）—顓頊（水）—帝嚳（木）
堯（火）—舜（土）—夏（金）—殷（水）—周（木）—秦（水）—漢（火）

である。木火土金水は相生の順であるが、木と火の間にはさまっている水徳の共工と秦は、自然の理に反したので短くて滅びた、とされている。」（『支那暦法起源考』）

要するに中国におけるその王朝相承の順は、各時代の各学者によって種々な解釈があったことが、先学のご研究によってわかるのである。

そこで問題はこうした中国の王朝交替にかかわる理念、つまり「五徳終始説」が日本に持ち込まれたか、否か。もし持ち込まれたとしたなら、それはいつ、そしてそれはどのような展開をみせたかということである。

二　五徳終始説本朝受入れの可能性

大和朝廷の皇統理念は、日神の子孫である天皇家は万世一系、中国のそれとは異なって本来、姓はなく従って易姓革命も王朝の交替もありえない、とするものである。しかもなお先進国、中国の思想哲学に心酔し、その文物制度に傾倒していた白鳳期の諸皇達が、中国のこの五徳終始説に無関心だったとは思われない。

とりわけ、旧体制を打破し、大化改新を克ちとった中大兄皇子にしてみれば、この改革を革命と見、天意に適ったものとして名実ともに新政権の主となった天皇の位そのものに、物事の始まり、新生、革新の意義を盛込みたかったろう。すでにその年号には「大化」、「大いにあらたまる」という意味の言葉が撰ばれている。残るのは最重要の天皇の位である。天皇の位の意義づけは五行の中から撰ぶほかない。

五徳の中では、生数順・相勝順のいずれも水を首位とし、相生順にしても北の水徳の帝、顓頊を始めとする。またその首長の名称に北辰の神霊化である天皇大帝を宛てた大和朝廷は、事あるごとに北、および水の位をものの元《はじめ》として尊信した。

皇太子・中大兄は、大化元年、登極の孝徳天皇の位に、この「水」を冠し、新政の門出を祝いたかったのではなかろうか。そこで孝徳天皇は、水徳の君として考えられる。

三　皇極・斉明天皇の諡号

天智・天武の母であり、持統には祖母、孝徳には同母姉に当る「皇極（重祚して斉明）天皇」の名号の出典は、おそらく『漢書』五行志に求められると思うが、そこには次のような挿話が物語られている。

「周の武王が殷の箕子に政治の要諦をたずねた処、箕子は天の意に従うことを述べ、それについて九つの要点をあげた。その第一は『一曰五行』。つまり天の気に則し、五行の循環の円滑をはかること。次に二、三、四、とあって『次五曰建用皇極』といっている」。

この註に、皇は大、極は中なり、と見えている。つまり重要なことは大極（太極）を定めることだといっている。中国哲学は宇宙の太極を、北極星の位に求め、この思想を受入れた大和朝廷はこの太極を天皇の位に比定し、北辰の称呼である天皇大帝の名を、その首長の名称としたのである。皇極天皇の「皇極」とは「太極」と同義語であろう。

次に皇極天皇重祚後の「斉明」は『星経』上巻からの撰用と思われる。

「王有徳至天則斗斉明、国昌総。暗則国有災起也」

王に徳があれば北斗七星の光が明るく、国が昌《さか》え、暗ければ災がおこる、というのである。宇宙の中心、北極星の象徴である太極と、北斗七星の形容語、斉明をその名号とする皇極天皇は、その一身に北極星と北斗七星の北辰を具備し、象徴するわけである。白鳳の諸皇の姉・母・祖母に当る皇極天皇は、正に御祖《みおや》の命《みこと》であって、この事実からいっても太極の名に背かない大元の存在である。「皇極」という宇宙の大元を象徴する天皇につづくその後の白鳳の諸皇達は、当然、太極の作用である五行の諸気諸徳を象徴するはずで、皇極・斉明の名号は、私見による推理の妥当性を実証するに足る一つの事実ではなかろうか。

大化改新後の新生日本、その初代天皇の重責を負いながら、中大兄皇子との不和によって、孝徳天皇は失意のうちに、ひとり難波の都で、その治世僅か五年の六五四年十月、崩御。

それに先立って同年正月元旦、鼠が大和に向かって去った、と「孝徳紀」は記す。

遷都における鼠の記事は、「天智紀」五年冬（六六六）の条にも「京都の鼠、近江に向ひて移りき」と見え、この場合は六年三月の近江遷都の予兆と解される。

皇極天皇が斉明天皇として重祚し、都を大和の旧都に復したのは元年（六五五）正月三日。そこで鼠が前年正月元旦、難波から大和に去った、というのは、これもまた遷都の前兆だったわけである。

鼠の動きが何故、遷都に関わるのか。その謎は鼠を十二支の「子」に還元すれば容易に解くことが出来る。

『五行大義』（随・粛吉撰）によれば「子を困沌《こんとん》となす」と見え、困沌即「混沌」で、原初唯一絶対の存在を指す。

「混沌」を『易』では「太極」とし、一国の首都はその国の「太極」である。

古京、大和の明日香は、即ち当時の「太極」として意識されていたわけで、改新後の一時期、水の都としての難波に遷都したものの、中大兄皇子、中臣鎌足らの首脳たちは明日香故京を忘れ難く、斉明天皇を擁して再び此処に戻って来た。その予兆が鼠の移動なのであった。

首都再建のイニシアティブをとっていたのは最初は中大兄皇子達であったに相違ない。しかしやがて彼らは斉明女帝の強固な意志によって振り廻されることになる。

この女帝の前代未聞とも考えられるつよい意欲とは、中国古代哲学の中枢にある「天地相関思想」の地上における実現である。

その地上の場所は明日香を措いてはなく、天上の相といえば星宿以外にはない。

その造型建設の最初の着工が両槻宮ではなかったろうか。

人文書院
刊行案内

2025.10

渋紙色

食権力の現代史
――ナチス「飢餓計画」とその水脈

藤原辰史著

なぜ、権力は飢えさせるのか？

史上最大の殺人計画「飢餓計画（フンガープラン）」ソ連の住民3000万人の餓死を目標としたこのナチスの計画は、どこから来てどこへ向かったのか。飢餓を終えられない現代社会の根源を探る画期的歴史論考。

購入はこちら

四六判並製322頁　定価2970円

リプロダクティブ・ジャスティス
――交差性から読み解く性と生殖・再生産の歴史

ロレッタ・ロス／リッキー・ソリンジャー著
申琪榮／高橋麻美 監訳

不正義が交差する現代社会にあらがう

生殖と家族形成を取り巻く構造的抑圧から生まれたこの社会運動は、いかにして不平等を可視化し是正することができるのか。待望の解説書。

購入はこちら

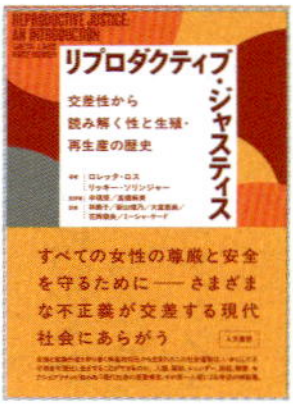

四六判並製324頁　定価3960円

人文書院ホームページで直接ご注文が可能です。スマートフォンで各QRコードを読み込んでください。注文方法は右記QRコードでご確認ください。**決済可能方法：クレジットカード／PayPay／楽天ペイ／代金引換**

〒612-8447 京都市伏見区竹田西内畑町9　TEL 075-603-1344
http://www.jimbunshoin.co.jp/　【X】@jimbunshoin（価格は10％税込

新刊

脱領域の読書
―あるロシア研究者の知的遍歴

塩川伸明著

知的遍歴をたどる読書録

長年ソ連・ロシア研究に携わってきた著者が自らの学問的基盤を振り返り、その知的遍歴をたどる読書録。

学問論／歴史学と政治学／文学と政治／ジェンダーとケア／歴史の中の個人

購入はこちら

四六判並製310頁　定価3520円

未来への負債
―世代間倫理の哲学

キルステン・マイヤー著
御子柴善之監訳

世代間倫理の基礎を考える

なぜ未来への責任が発生するのか、それは何によって正当化され、一体どこまで負うべきものなのか。世代間にわたる倫理の問題を哲学的に考え抜いた、今後の議論の基礎となる一冊。

購入はこちら

四六判上製248頁　定価4180円

魂の文化史
―19世紀末から現代におけるヨーロッパと北米の言説

コク・フォン・シュトゥックラート著
熊谷哲哉訳

知の言説と「魂」のゆくえ

古典ロマン主義からオカルティズム、ハリー・ポッターまで―ヨーロッパとアメリカを往還する「魂」の軌跡を精緻に辿る、壮大で唯一無二の系譜学。

購入はこちら

四六判上製444頁　定価6600円

新　刊

映画研究ユーザーズガイド
―21世紀の「映画」とは何か

北野圭介著

映画研究の最前線

視覚文化のドラスティックなうねりのなか、世界で、日本で、めまぐるしく進展する研究の最新成果をとらえ、使えるツールとしての提示を試みる。

購入はこちら

四六判並製230頁　定価2640円

カントと二一世紀の平和論

日本カント協会 編

平和論としてのカント哲学

カント生誕から三百年、二一世紀の世界を見据え、カントの永遠平和論を論じつつ平和を考える。カント哲学全体を平和論として読み解く可能性をも切り拓く意欲的論文集。

購入はこちら

四六判上製276頁　定価4180円

戦争映画の誕生
―帝国日本の映像文化史

大月功雄著

映画はいかにして戦争のリアルに迫るのか

柴田常吉、村田実、岩崎昶、板垣鷹穂、亀井文夫、円谷英二、今村太平など映画監督と批評家を中心に、文学や写真とも異なる映画という新技術をもって、彼らがいかにして戦争を表現しようとしたのか、詳細な資料調査をもとに丹念に描き出した力作。

購入はこちら

A5判上製280頁　定価7150円

新刊

マルクス哲学入門
――動乱の時代の批判的社会哲学

ミヒャエル・クヴァンテ著
桐原隆弘／後藤弘志／硲智樹訳

重鎮による本格的入門書

マルクスの思想を「善き生」への一貫した哲学的倫理構想として読む。複雑なマルクス主義論争をくぐり抜け、社会への批判性と革命性を保持しつつマルクスの著作の深部に到達する画期的読解。

購入はこちら

四六判並製240頁　定価3080円

顔を失った兵士たち
――第一次世界大戦中のある形成外科医の闘い

リンジー・フィッツハリス著
西川美樹訳　北村陽子解説

戦闘で顔が壊れた兵士たち

手足を失った兵士は英雄となったが、顔を失った兵士は、醜い外見に寛容でなかった社会にとって怪物となった。塹壕の殺戮からの長くつらい回復過程と形成外科の創生期に奮闘した医師の実話。

購入はこちら

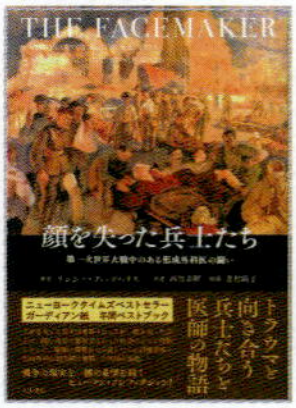

四六判並製324頁　定価4180円

お土産の文化人類学
――地域性と真正性をめぐって

鈴木美香子著

身近な謎に丹念な調査で挑む

「東京ばな奈」は、なぜ東京土産の定番になれたのか？　そして、なぜ菓子土産は日本中にあふれかえるようになったのか？　調査点数1073点、身近な謎に丹念な調査で挑む画期的研究。

購入はこちら

四六判並製200頁　定価2640円

両槻宮

『日本書紀』斉明天皇二年（六五六）条に、

「田身嶺《たむのみね》に冠らしむるに周《めぐ》れる垣を以てす。復《また》、嶺の上の両つの槻の樹の辺に、観《たかどの》を起つ。号《なづ》けて両槻宮とす。または天宮《あまつみや》と曰ふ。」

とみえる。

僅か数行の記事ではあるが、この中にいろいろ問題が含まれている。田身嶺とは、恐らく藤原鎌足の墓所として名高い多武峯を指すかと思われるが、この峯がそのまま、ここに記されている田身嶺のこととは考え難い。

このほか更に諸説があるのは「観」である。道教の寺院を道観というので、その意味に解釈する説が有力ではあるが、古写本の多くが、これを「たかどの」と訓んでいるので、道観とは区別されるべきであるともいわれる。

そうなれば日本古代の高床式クラも、当然その中の一つに含まれてもよいはずである。

次に注目されるのは、「両槻宮」というこの宮の呼称なので、この「槻」について考えたい。

槻と欅

槻と欅は同種の木である。両者は発音も全く異なるが、その奥には互いに通い合う原意が感じられる。それは何か。

律令制度が人民に賦課する義務は、「租・庸・調」の三つ。何れも人民の労力、財力の一部を国家に納めることを義務づけるものである。制度として確立するのは奈良時代、即ち律令制の実施を俟つが、それ以前に既に実際には行なわれていたことであった。

「調」は、これを大和言葉では「ツキ」といい、貢物のことである。

「……古《いにしえ》よ、今の現《をつつ》に　万調《よろづつき》　奉る最上と作りたる、その農を……」（大伴家持『万葉・巻十八』）

訳「昔から今に至るまで。お上《かみ》に奉る貢物の第一のものとして万民がそだてあげてきたその農作物を……」

これは日照りのさ中の一夕、雨雲の気配をみて家持が作った雨乞いの歌の一節であるが、すべての貢物の中で農作物を筆頭とする考えがここにはうかがわれる。

この農作物を収容する舎屋が鼠害を防ぐ高床の倉であり、その倉が神を祀る御饌殿として発展して行く。伊勢神宮の外宮の宮域に今も伝承されている御饌殿は社殿の原型ともいわれ、その様式は古風を遺す素朴な梯子を備えた高床式倉である。

槻がこの重要な倉の目印として植えられ、調の木、と呼ばれるに至ったのであれば、欅もまた、同じ経緯によって、「饌舎《けや》」の表示として植えられた木ではなかったろうか。

落葉樹の槻、或いは欅が夕空に高く丸く枝を張り広げている姿は、器に高く盛り上げられた御飯の形さながらである。

穀倉、或いはそのクラの機能から発展進化した社殿の印として、槻、つまり欅ほど相応しいものはなかった。

槻、欅は共に「調の木」「御饌屋」の木として意識されることになる。

大伴家持のこの歌には穀倉と槻との関係はみられないが、それより古く「雄略記」には、新嘗屋と槻の木の関係を示す記事がある。

「又天皇、長谷《はつせ》の百枝槻《ももえつき》の下に坐しまして、豊楽為《とよのあかりし》たまひし時、伊勢国の三重婇《みへのうねべ》、大御盞《おほみうき》を指挙《ささ》げて献りき。爾に其の百枝槻の葉、落ちて大御盞に浮かびき。其の婇、落葉の盞に浮かべるを知らずて、猶《なお》大御酒を献《たてまつ》りき。天皇其の盞《うき》に浮かべる葉を看行《みそな》はして、其の婇を打ち伏せ、刀《たち》を其の頸に刺し充てて、斬らむとしたまひし時、其の婇、天皇に白して曰ひけらく、「吾が身を莫《な》殺したまひそ。白すべき事有り。」といひて、即ち歌《うた》曰ひけらく、

纏向の　日代《ひしろ》の宮は　朝日の　日照《ひで》る宮　夕日の　日がける宮　竹の根の　根垂《ねだ》る宮　木《こ》の根の　根蔓《ねば》ふ宮　八百土《やほに》よし　い築《きづ》きの宮　真木《まき》さく　檜《ひ》の御門《みかど》　新嘗屋《にひなへや》に　生《お》ひ立てる　百足《ももだ》る槻《つき》が枝《え》は　上枝《ほつえ》は　天を覆《お》へり　中つ枝は　東《あづま》を覆へり　下枝《しづえ》は　鄙《ひな》を覆へり　上枝の　枝の末《うら》葉《ば》は　中つ枝に　落ち触《ふ》らばへ　中つ枝の　枝の末葉は　下つ枝に　落ち触らばへ　下枝の　枝

の末葉は　あり衣の　三重の子が　指擧《ささが》せる　瑞玉盞《みづたまうき》に　浮きし脂《あぶら》　落ちなづさひ　水《みな》こをろこをろに　是《こ》しも　あやに恐《かしこ》し　高光る　日の御子　事の　語言《かたりごと》も　是《こ》をば
とうたひき。故、此の歌を獻りつれば、其の罪を赦《ゆる》したまひき。」

大　意

「雄略天皇が、長谷の槻の大木の下で宴を催しておられたとき、伊勢の三重の采女が大御盃で酒を奉った。この盃の中に槻の古葉が泛んでいるのに気付かず、そのまま天皇に酒をすすめた。天皇はこれを怒って采女を打ち伏せ、刀を首に当てて、正に斬ろうとされたとき、采女がいうのに「申し上げたいことがあるので、暫く猶予して頂きたい」といい、歌をよみ上げた。それは「まきむくのこの宮は朝日夕日のさす宮、竹の根、木の根が支える檜造りの立派な宮。その宮の新嘗舎には槻の大木も生い育ち、その上枝は天を覆い、中枝は東国を、下枝はとおい西国を覆っております。上枝の古葉は中枝に落ち、それは更に下枝に落ち、下枝に落ちたこの古葉は三重の采女が捧げるこの玉の盃に落ち、それは恰度、イザナギ・イザナミの神々が国生みをなさったとき、その浮き脂が凝りかたまって大八島をつくったように、盃から落ちもせず、日の御子の大御盃に泛んでおります。これは神の御意。まことに畏れ多い極みと存じます」というので、天皇は采女の罪を赦された。（以下略）」

采女の歌うこの槻の古葉にこめられた真意は何か。それを考えたい。

まず時は晩秋初冬の子月、旧十一月。処は宮殿の新嘗屋の側の槻の木の下。前夜の新嘗の祭りの無事終了を祝っての宴でもあったろうか。天皇をはじめ一同が寛いだ席での出来事であった。たまたま槻の古葉が天皇に捧げられた玉杯のなかに泛んでいた。槻の古葉はけっして美しくはなく、むしろ見苦しいものである。折角の楽しい宴席の気分を打ちこわされた天皇は激怒した。以上がこの歌の背景に設定されている状況である。楽しい宴の席での殺人。いかにも難しい局面であったにもかかわらず、それは当事者の釆女によって見事に打開された。何によってかといえば、それは当意即妙の知恵で、この不測の出来事を、一転、この上ない吉兆として執り成したことによってである。

彼女が吉兆とした理由は次のように考えられる。

まずこの歌の背景には、新嘗屋の側らには、槻が植えられるということ、その槻は神への御調《みつき》、即ち神饌《みけ》の象徴、ということであるが、それは既に当事者達にとっての暗黙のうちの了解事項として存在していたという事実がある。

この槻の梢の枝は天を覆い、中枝・下枝はこの国の東と西を蔽う。

くりかえせば高盛飯の形さながら、その枝を天高く、また当座に広げる槻の木は「神饌の象徴」として、当時すでに広く知られていた。

この神饌に供える神の感応の証《あか》しは、まず天に接する槻の木の天辺の枝からの落葉に始まる。その証しの落葉はそれから順次、中枝・下枝へと段々に落ちて行って、ついに祭りの司祭者・天皇の盃に落ち着く。槻の葉はこうしてけっして他処には行かず、そこに留まった。この盃の中の落葉こそ、司祭者・天皇からの御調に対する神の嘉納の印であり、証しであって、これにまさる新嘗祭の後の宴の目出度さはない。

以上が釆女の歌の内容で、天皇は直ちにそれを理解し釆女を許されたのであった。そればかりか、釆女は多くの恩賞にまであずかったのである。

しかしこの話は到底事実とは受け取り難く、ことの真相は何人かによる創作であろう。しかしたとえそれが事実ではないにせよ、高盛飯そっくりの形に枝を広げる槻の木は神饌に見立てられ、同時に、降りしきる雨のように梢から葉を落とすその様子に、神の嘉納と感応の証しをかんじ、ひいてはこの木が神人交流の媒と考えられるに至った真相をこのエピソードは秘めていると思われる。

それ故に槻の木は、新嘗祭の目印から一歩進んで神意の啓示を負う神聖な木となった。藤原鎌足と中大兄皇子との出会いも、孝徳天皇の皇極天皇への禅譲による即位も、槻の木の下の広場であったことは、それを裏書するものであろう。

つまり槻の木は国家の重大事の予兆を示す木であり、また神に対する盟約を掌る木でもあった。

しかし槻の木が神聖視されるに至ったその原点は、どこまでも宇宙の絶対的存在、「混沌」の別名、「太極」、或いはその神霊化としての「太一」、又は天体中でそれに割当てられた「北極星」、に向けて輸し送られる「神饌」の象徴に在り、この神饌に見立てられたことがその原点である。

太極は陰陽二元を内包するから、その神饌も天の大匙型の二種の星座、即ち時によって東と西、或いは南と北の関係で天空に横たわる「南斗」、「北斗」の二星座経由の神饌が必要、と考えられるに至ったのである。

「皇極」、「斉明」とはその崩後、同天皇に贈られた諡号ではあったが、その生前から既に彼女は自身を、生身の「太極」として意識していた。

従って天皇にとって、「祭り」におけるその立場とは、神饌を送る側であると同時に、送られる側、でもあった。

日本の天皇の祭りの複雑さはこの点にあり、天皇即位の大祭、践祚大嘗祭の祭神が判然としないのも、この故である。詳細は拙著『天皇の祭り』その他をご参看頂きたいが、斉明天皇の両槻宮も、そこに偶然日本の槻があったことに由来するものではなく、自身を太極として意識していた天皇の宮であるからこその名称であった。

両槻宮は南斗北斗を象徴する斉明天皇の宮居で、恐らくその宮そのものは一棟であったに相違なく、その宮の傍らの東西に、二本の槻の木が生い立てられていた。

つまり槻の木は両斗を象徴すべき必要性から二本が必要不可欠とされたのである。そうして星座を象徴する以上、それは「天宮」と称されたわけである。

しかもなお、この宮は本来天に在るべきものの象徴故、可能な限りの高処でなければならず、同時にその宮居も出来る限りの高殿であることが要求された。

このように推理すれば両槻宮はさしずめ、天の分野の中で中央の「中宮」に該当するものではなかったろうか。

地上における太極としての斉明天皇の両槻宮は、同時に真正の南斗北斗に向けての神饌を送り出す宮居でもあった。

神饌到達の道程は実に遥かで遠い。遠洋航海に海図が不可欠であると同時に、天空の道には星宿の図が必要とされた。

前述のように太極としての両槻宮は、地上における「天の中宮」、「北極星」の座であり、「天極」である。

両槻宮の所在はなお確定されないが、それに近接しているものと想定されているのが、謎の「酒船石」である。

天の「中宮」としての酒船石丘陵

謎の大石として有名なこの「酒船石」は明日香の東方の丘陵上にある。

この巨石は全長五・五メートル、幅二・三メートル、厚さ約一メートルの長方形の巨石である。この石の表面には楕円と円形の窪みが刻まれていて、それらは幅一〇センチの溝でつながれている。

この石の用途については多くの仮説があって今もなお確定していない。

この巨石の本質、或いはその意味する処が何であるかはこうして謎のままであるが、平成四年（一九九二）、この丘陵が版築で造成され、その中腹は砂岩の石垣で囲まれていることが判明し、改めてこの遺跡が、「斉明紀」二年（六五六）の記事に関連して考える必要性が当事者達の間で論じられるようになった。

その記事とは先にも引用した次の箇処である。

「田身嶺に、冠らしむるに周れる垣を以てす。復、嶺の上の両つの槻の樹の辺に、観を起つ。号けて両槻宮とす。亦は天宮と曰ふ。時に興事を好む。廼ち水工をして渠穿らしむ。香山の西より、石上山に至る。舟二百隻を以て、石上山の石を載みて、流の順に控引き、宮の東の山に石を累ねて垣とす。」

前述のように平成四年（一九九二）、この酒船石丘陵で発見された石垣は、明日香村教育委員会の相原嘉之氏の報告によれば、

「石垣は砂岩切石で七段以上積まれていた可能性があり、最上段にのるものは外面と上面を磨いてある。……そのまま構築に当っては、版築によって三メートル以上も土が盛られていたことが判明し、大規模な土木工事が行なわれていることもわかった」

ということである。

もし酒船石が前記、中宮の星宿の造型とすれば、この石が据えられているこの丘陵そのものが、天の中宮として考えられ、両槻宮もここに建設されたかも知れない。

酒船石の丘陵の頂上はいかにも手狭で、宮居の建設は望めないようである。しかしたとえこの丘陵ではないにせよ、ここに極めて近接して両槻宮は建設されたに相違ない。酒船石が天の中宮の星宿の造型であり、この石が据えられた丘陵の頂上が「中宮の場の造型」とすれば、この場に優る神聖な場処はこの地上にはない。

この丘陵が版築で固められ、砂岩の壁でしっかり囲われていて、その上段は鄭重に磨かれていた、ということは、その場処が極めて神聖視され、格段に聖別されていた証しと受け取られ、酒船石が天の中宮、及びその星宿を象る、という仮説も単なる暴論として片づけられないのではなかろうか。

酒船石と瓠

酒船石の片側は削り取られ損傷が甚だしいが、その形は古代中国で考えられていた天、虚空の形を象る「瓠型《ひさご》」ではなかろうか。

酒船石を、「瓠」の造型と推測する理由は、多分にその形が瓠、即ち、「瓜」を連想させるからである。

瓠は、和名「ひさご」「ふくべ」「ひょうたん」「ゆうがお」の類。成熟すると果皮の硬くなるので、中身を除いて酒器・飲料の器とした。

漢名は胡盧、又壺盧ともいう。

「夸《こ》には、中が空虚なものの意がある。『説文』に、瓠は匏なり、とあり…天空を廓落《かくらく》というが、壺盧・瓠落・廓落はみな空虚の意…後漢の壺公は、仙を学んでつねに一壺を携え、その中に住んだ。故に別天地のことを、壺中天という。」（白川静『字統』）

この説明にみられるように、「瓠」「壺」「虚」は、いずれも中身が空洞であることを示す物、あるいは文字であって、この空洞を媒《なかだ》ちとして、それらの間に生ずる最大のイメージこそ「天空」なのであった。天の象は「虚空」、その形は古代中国の宇宙観によれば、「円」。

そこで中身が「空洞」で、形が円く、中空にぶら下がって実る「瓠」は、この地上の人間界において、もっともよく「天」を象る呪物とみなされたわけである。

「瓠」の内包する空洞のイメージは、拡大して天空に及ぶが、それは祖先神、「伏羲」にも連なって行く。

中国創世神話と「瓠」

「太古、大雨が降りつづき、雷公が大暴れしていた。或男が、そこで大きな鉄籠を作り、軒下において、この雷公を生捕りにした。男はやがてこの雷公を殺して塩漬けにしようと考え、買物のために町に出かけて行った。その時、幼い兄妹に雷にけっして水を含ませてはいけないと、いいきかせておいたが、父の留守中、雷公がせがむまま、水をやってしまった。途端に雷は元気づき、鉄籠を破って大音をあげて、天上に飛び去った。出て行く間際に雷は兄妹に感謝し、口中から歯を抜きとって「すぐこれを土の中に埋め、災難にあったら、実った果実の中にかくれるのだ」と教えて危難に備えさせた。兄妹が雷公からもらったこの歯を土中に埋めると、すぐ泥中から新芽がふき出し、一日の中に開花し、実を結び、その実は翌日には大胡盧（ひょうたん）になっていた。茎を切って内側の歯をすべて抜き出し、その中に這い込むと、その中は二人をすっぽりつつむ程の大きさだった。やがて天地にみなぎる大洪水がやって来て、地上の人類がすべて死滅した時、唯一の生き残りがこの兄妹で、胡盧の中で助かったので「伏羲《ふくぎ》」と名づけられた。これは「匏戯《ほうぎ》」、つまりひょうたんの意、である。

二人は天地をつなぐ天梯をつたって天地間を往来し、やがて夫婦になって女は肉の球を生み落とした。この球を切り刻んで紙に包みもっていたが、天空に上り着く寸前に、突然、大風が吹いたため肉片は四散して地上に落ち、その紙片はすべて人間に変った。木の葉に落ちたものは葉《よう》、枝に止ったものは木《ぼく》、と名乗り、こうして世界に再び人類が生じ、伏羲夫婦は人類再生の始祖となったわけである。」（袁珂『中国古代神話』みすず書房、一九六〇年より要約）

中国創世記内容の検討

この中国創世記は三つの要素から成り立っている。

1　祖先神…伏羲の名の由来。
2　空洞…瓢にみられる空洞。
3　火…瓢の種は雷公の歯。三角形の歯は火。

1について

地域・時代の差によって、その伝承の細部においては多少の違いがみられるものの祖先神といえば中国神話ではまず「伏羲」である。この神名の元を質せば「瓠」なので、瓠にまさる貴重な植物はない。

瓠に関わるこの神話は、従って最貴最高の事物起源譚となって、中国はもちろん、ひろくアジア各地に拡まり、神祭における祭器はもちろん、天体観測用建造物、其他にも影響することになる。

2について

瓠の特徴の第一は、「夸」字に明らかなように「空洞」ということ。この空洞のおかげで幼い兄妹は大洪水をまぬかれ、生き残って人類第二の祖先となり得たわけで、この空洞こそ中国祖先神誕生の元である。

3について

瓠の種は、立ち去る際に雷公が兄妹に手渡した自分の「歯」であった。

歯の形は三角。三角は炎の象で、元来、炎というのは象形文字である。

火の象をもつ雷公の歯を種として成長した瓠の実は、同じく三角形なので、種同様、「火」と見做されることになる。

なお日本では瓠といえば一般にひょうたんと思われ、それは胴がくびれて三角形ではないが、その原型は「夕顔」で、くびれはなく、頭部が小さく、下方が大きい火の象をもつ。

狐の三徳

ここで唐突ではあるが推理の便宜上、「狐」にまつわる伝承を考えたい。

狐は解字すれば「ケモノの瓜」で、頭が小さく、尻が大きいその様子が瓜に相似の為、このような字が出来たと思われる。

後漢の許慎《きょしん》著述の『説文解字』略して『説文』は、完成が紀元一二一年(安帝の建光元年)、中国文字学の最高古典であり、もっとも古い漢字字典である。

その『説文』によれば、狐は次のように註されている。

「狐、有三徳。其色中和。小前大後。死則丘首。謂之三徳。」

これを箇条書きにしてみると、

①其ノ色ハ中和。

②前ヲ小トシ、後ヲ大トス。

③死スレバ則チ丘ニ首《カシラ》ス

となる。一見、何事もないようなことが、三徳として数え上げられている。

1　「死スレバ則チ丘ニ首ス」（故丘を忘れぬ狐）

『説文』の狐の三徳中、最後に挙げられているが、前二者が狐の外見、つまり色と形に由来する狐の尊貴性を述べているのに対して、この項ははじめて狐の内面の徳性にふれている。

訳

「狐死正丘首仁也。狐雖微獣、丘其所窟蔵之地。是亦生而楽於此。故及死而猶正其首」

「狐が死に際して、その首を正しく故郷の丘に向けるのは、仁というものである。狐は獣に過ぎないが、故郷の丘はその巣穴のあったところ、かつまたそこに生まれて親兄弟と楽しく過ごしたところである。その丘に向かって首を正すのは、本を忘れないという仁義の徳である。」

「仁」は五行では木気に配される。「その本を忘れない」という狐は仁義、即ち木徳の持主として、高くその徳を評価されていたのである。

2　「小前大後」の徳

狐はよく仁義を弁《わきま》え、その本を忘れないという徳性ばかりか、その身体つき、つまり形状からも尊信された。

それが『説文』の狐の三徳中の第二項、

「小前大後」

である。狐は頭部が小さく、腹・臀部・尾と後に行くにつれて肥厚である。

上部が小さく下部が大きいのは三角。火の象。従って狐は「火徳」でもある。

狐図（著者作図）

周瓠尊（博古図）

瓠壺（西清続鑑）

狐と瓠

3　狐の土徳（「其色中和」）

『説文』の「狐の三徳」の第一項には「其色中和」とあって、徳の第一にその色が挙げられている。狐はその色が黄色である。黄色は中国陰陽五行思想においては、木火土金水の五原素のうち、「土気」を象徴し、中央に位する色である。そこで狐は土徳となるわけである。

要するに「狐の三徳」とは

- 徳行…仁　木徳
- 形……礼　火徳
- 色……信　土徳

ということになる。

瓜と狐は形が相似なので、瓠《ひさご》の推理において必要となるのはその火徳である。

五常では火は「礼」に配当されるが（本書九四頁「五行配当表」参照）、「礼」とは元来、神に供えものをするという意である。

そこで前掲の図にみられるように、狐と相似の瓠は、古来、祭典の原型となった。くり返せば、瓠の火徳は「礼」に通じ、狐と形の相似の瓠もまた「礼」を意味するものとして祭具の元となった。しかしこの推理は或いは逆で、瓠の火徳が狐のそれに先行するものであったかも知れない。

いずれにせよ、「小前大後」とは、火の象の要約で、簡にして要を得た表現である。

その「火」は易の八卦の中でも主要な卦の一つで、この卦をみることにより、推理は更に進展する。

八卦の中で「空洞」をもつものは「火卦」☲。この火卦の空洞は紙面に書けば、まことに小さな「空《す》き間」に過ぎない。しかし八卦は、たった八個のこの卦の中に、天地間の一切の事物、事象を象徴し、抽象的な概念をも包含する。

従って火卦にみられるこの「空洞」も、小は小さな箱の中の空洞から、大は無限の大空・虚空をも象徴する。

くり返せば、もしこの拡大解釈によって瓠をみれば、その中身の空洞は、無辺際の大空・虚空・天を象徴する神聖な呪物とも化す。

天と空洞と火（三角）

この無限の空洞は易の火卦の賜物である。

易の火卦の媒ちによって、火と空洞は結びついている。

後天易では火は南の天の位に配されるから、この火は「天」である。

一方、中国の伏義創世記では、火を象徴する雷神の歯を種として瓠が生まれ、その瓠の空洞が洪水から人類の祖を救い出した。

以上を総合すると、

天空 ─┬─ 空洞……瓠型
　　　└─ 火（三角）……瓠型

であって、天空とは火の象（三角）を内包する巨大な空間、即ち、瓠型、ということになる。

枕詞「ひさかたの」は、「天」にかかり、賀茂眞淵はこれを「瓠型の」と解している。これは正しい解釈であるにもかかわらず、今日もなお、この語は意味不詳とされている。

中国古代哲学では、「天円地方」といって、天を真円として捉えている。

瓠の原型、夕顔は真円ではない。そのため瓠型が即ち天である、などとは到底思われない、というのが多分、意味不詳とされたその理由であろう。

しかし瓠のその空洞が易の火卦の火と結びついたとき、今日の人からは創造も出来ない程の呪力を古代中国人は瓠に感じたのであった。

酒船石は瓠型占星台か

韓国慶州には、新羅善徳女王（六三二―六四〇）時代のものとされる占星台（瞻星台）がある。その形は正に「瓠型」と思われるが、天の紋様としての星座を観測する器物が天を象る「瓠型」なのは当然ではなかろうか。

恐らく日本で六七五年、造られたという天武朝の占星台も、同じく瓠型だったろう。更に推理を推し進めれば、明日香の丘に横たわる謎の酒船石も、この瓠型のように見受けられる。占星台建立の技術が、斉明朝にはなお熟していなかった。そこで瓠型の巨石を可能な限り高処に運び、その中央部に窪みを設けて水をたたえ、星座を映して観測したのである。新羅の占星術の場合は、底辺部に水を張って星を映した、という。

瓠が天を象る呪物であることは中国の古文献に照らしても疑いのない事実なので、古代日韓の占星台の形まで、それらが瓠型ではなかったろうかと考えたい。

瞻星台（チョム　ソンデ）（水野治子氏撮影）

明日香亀型石造物の推理

平成十二年（二〇〇〇）一月、亀型石、及び小判型石造物が発見された。

その場処は、酒船石丘陵の北麓の谷底で、その低地に設けられた南北の石組溝が発見され、その南端に、

- 亀形石造物
- 小判形石造物
- 湧水施設（砂岩切石石積）

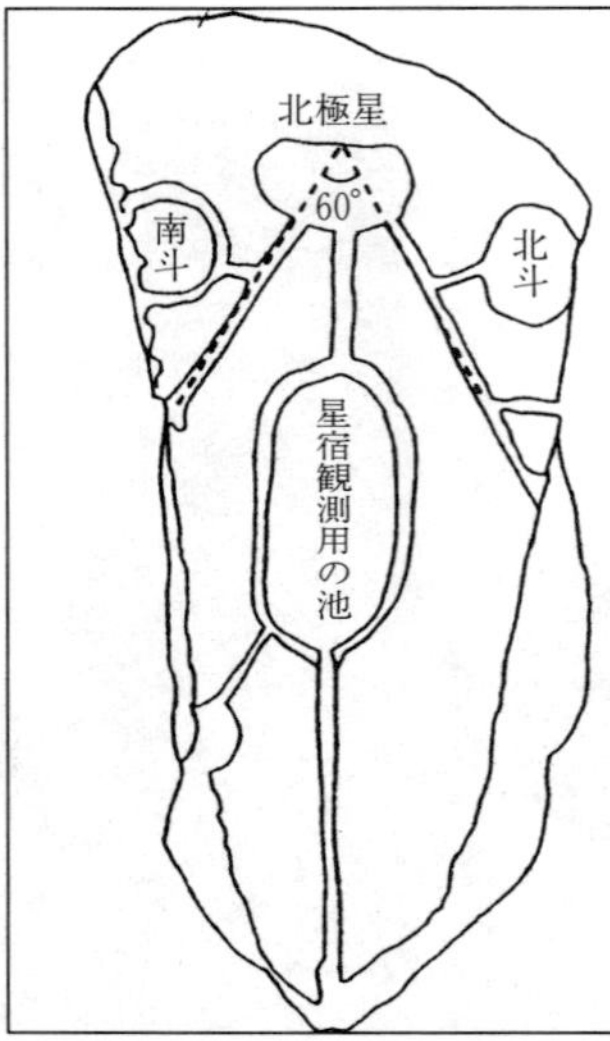

酒船石図

以上、三種が出土したわけである。

その詳細を相原嘉之氏（明日香村教育委員会）は、次のように述べられている（朝日新聞社刊『国宝と歴史の旅⑩』一六―二〇頁抄約）。

「南端に位置する砂岩湧水施設は、その中央に三〇×二五×一五センチの砂岩切石を十一段も口の字形に積み上げた取水塔がある。最上段の北側には凹型に削り出した出水口も見られる。さらに周囲を小口積みにした砂岩石垣でとり囲む。周囲を砂岩と粘土によって密閉することにより、取水塔の中の水位が上昇し、出水口から水が溢れ出る構造となっている。

小判形石造物は全長一・六五×一メートルの石塊で、八〇リットル貯水できる水槽状になって

手前から亀形石造物，小判形石造物，湧水施設
（写真／明日香村教育委員会〔撮影／井上直夫〕）

おり、北側の側面に直径四センチの小穴が、水槽底から八センチ上の位置にあけられている。

一方、亀形石造物は全長二・四×二メートルの石塊に亀の頭・手足・尻尾を表現しており、頭を南に向ける。甲羅部分が二〇〇リットルの水を貯水できる水槽になっており、口から水槽に、水槽から尻尾に穴があけられている。水の流れは、取水塔から木樋等を利用して小判形石造物に水を落とし、その水槽に溜まった水のうち上澄みだけが小穴から流れ出し、亀の口に入る。そして尻尾に栓をしておくと、口から入った水が甲羅の水槽部分に溜まる構造となっている。水が不要になったときは、栓をはずして尻尾から南北溝に排水する。（中略）

これらの遺跡・遺構とは対照的に今回の亀形石造物群では、小判形石造物から少量の水しか亀の口には流れこまない。つまり、水の流れを見て楽しむものではなく、重要なのは亀の背中に溜まった水であろうと考えている。このことは尻尾から排水された水がすぐに暗渠状の遺構（地下）に入り、水が見えなくなることからもうかがえる。

また、遺構の立地についても、東西南を高い尾根に囲まれ、さらにその斜面は石垣で覆われている。石敷上に立ったときに見えるのは真上の空だけで、他には何も見えない。つまり、この場所はきわめて閉鎖性の高い人工的な空間であることがわかる。そして、この場所が多人数を集めて宴をするような場所ではないことを示している。石敷の範囲が約一二メートル四方しかないこともこれを支持しよう。

このことは同じ斉明朝の水利用石造物をもつ飛鳥京跡苑池遺構や石神遺跡とは大きく異なり、その性格も異なっていたことを想定させる。つまり、この場所はきわめて限られた人びとだけが入ることのできた空間で、この場所で行われたのは、非公開の祭祀のようなものだったと推定する。

しかし、さらに重要なのは、この空間も酒船石遺跡の一角に位置し、今回の調査地だけで完結するものではないということである。つまり遺跡全体の中で今回の調査地（空間）を位置づけることが必要となる。

そこで注目されるのは階段状石垣である。この石垣の性格については判然としないが、以下の理由によって、階段として機能していたと考えている。まず、西の石垣と構造がまったく異なっており、八段のステップをもっている。段のある幅は約六メートルで、その南にはステップは存在しない。さらにステップを登ると石敷のテラスがあり、北へと方向を変え、六段ほどのステップがさらに続くこの北へのステップは地形に反した方向であり、単なる法面《のりめん》処理の石垣とは思えない。

このように考えるならば、今回の空間は祭祀の第一ステージであり、その後、階段を通って尾根上まで登り、酒船石の場で何らかの儀式が行われていた可能性を考えるべきであろう。『日本書紀』の斉明二年条に記載されている「天宮」の名称がこの遺跡の性格を象徴していよう。」

相原論考の要約

- 亀型石造物出土遺跡は、閉鎖性のつよい空間である。
- 遺跡南端には湧水施設・取水塔があり、
  その水は小判型石造物に貯水される。
- その南側の亀型石造物の口には、少量の上澄みだけが入る。
- その水は不要になれば、栓を外し、北に向けて排水される。

相原氏はこのような分析の結果、この遺跡には明日香の他の苑池にみられる水を楽しむ気配はうかがわれず、何処までも何らかの祭祀を目的とした施設で、「天宮」の名称をもつ両槻宮、酒船石、亀形石造物、この三者の関連を暗に示唆しておられる。

このような重要な示唆、或いは情報を得て、私はこの亀形石造物出土の空間を、南斗の所属する

南			西			北			東			方位
朱雀			白虎			玄武			蒼竜			四神
井《フタゴ》鬼《カニ》	柳星張《ウミヘビ》	翼軫《カラス》	奎婁	胃昴畢《ペルセウス》	觜参《オリオン》	室壁《ペガサス》	斗《イテザ》牛《ヤギ》女	虚危《ミズガメ》	角《ウシカイ》亢《オトメ》氐《テンビン》	房心	尾箕《サソリ》	星の名
秦	周	楚	魯	趙	魏	衛	呉越	斉	鄭	宋	燕	分野
112			80			98			75			度

二十八宿表

「北方玄武宿」の造型か、或いはこの玄武宿中の「南斗」を主星とする「斗宿」の造型か、この二つのいずれかと推測する。

　そこでこの南斗について既刊の拙著『陰陽五行思想からみた日本の祭』の引用によって考えたい。

南斗

1　斗形の三星座

天には斗形の三星座がある。中国古代天文学はそれを北斗・南斗・小斗とし、北斗七星・南斗六星・天市垣小斗五星と称した。南斗の解説は私の力に余ることではあるが、集め得られた限りの資料によって、その概要を次に記す。

2　二十八宿

古代中国天文学は黄道に沿って天を四宮に分け、そこに蒼竜・玄武・朱雀の四神を配当した。この四宮はさらにおのおの七分されたから、全体で二十八の星宿が定められたことになる。

その状況は次表の通りである。

3　四宿

4　斗宿と呉越

南斗の見え初めは旧四月中頃。その南中は夏至。その消去は旧九月中頃、である。ここで一言附け加えれば、南斗は田植えの頃から収穫時まで姿をみせている星で、稲にもっとも関係のふかい星座といえる。

南斗は六月二十二日午前零時四十分に南中する。六月は旧五月の午月。火気旺盛の時であるが、その午月の「午」を方位にとれば、南の正位に当たる。

中国の東南から南にかけて位置する呉越地方に、斗宿が割当てられたのは、斗宿をひきいる南斗が、南を象徴する時日に南中するからであろう。中国思想は時間と空間を密接不可分の関係におく。それでは南斗にひきいられる斗宿が、どのような星から成り立っているか、をみる必要があろう。

5　斗　宿

斗宿は二十八宿の一つで、玄武七宿の首宿である。その構成は斗宿・建星・天弁・天雞・狗・狗国・天淵・鼈の八星座から成り、斗宿六星はつまり南斗である。この南斗が一名、天機といわれ天廟とされた。

斗宿の中で重要なのはこの南斗についで、「鼈」である。この星については『漢書』天文志に、

「亀─鼈星、漢中に居らざれば、川易《かわ》る者あり。」

と記されている。天の河の中に居るべきこの天上の鼈《べつ》がそこにいない場合は、地上の川が溢れたり、川筋が変るという。天鼈は地上の水さえ支配する重要な星であるなら、これについてはさらに考察する必要があろう。

鼈

鼈は、あおうみがめ、正覚坊であるが、また前述のように星の名で、『晋書』天文志には

「鼈十四星。南斗の南に在り。水蟲と為し、太陰に帰す。」

と見え、『星経』には、

「天鼈十五星。斗南に在り。太陰水蟲を主《つかさ》どる」

とされている。「蟲」とは動物の総称で、『大戴礼』には

「甲の蟲三百六十、而して神亀この長と為す。」

とあり、甲蟲とは甲殻を有するもので介蟲とも称され、要するに貝類・亀蟹の総称である。

鼈の大きいものが黿《げん》で、『爾雅翼』に

「黿は鼈の大なる者、闊さ十二丈に至り、介蟲の元、鼈を以て雌となし、黿鳴ずれば則ち鼈応ず」、

とされている。鼈の司る「太陰」は北方の水精、月の別名でもある。

そこで以上を総合すると、鼈は陰陽二元の中、陰の象徴である月、北方水気の精であり、同時に一切の甲殻類の主長ということが判る。「黿鳴ずれば則ち鼈応ず」というのは日本神話のイザナ

ギ・イザナミの夫唱婦随の原型ではなかろうか。

鼈は水を司るものであるから、この鼈によって支配される「水」とは中国哲学においていかに捉えられていたかを見る必要がある。

水

「水」は木火土金水の五原素の一つであるが、この五元素の作用が五行である。五行には、

生成……水火木金土
相生……木火土金水
相勝（剋）…水火金木土

の三通りの順が考えられた。

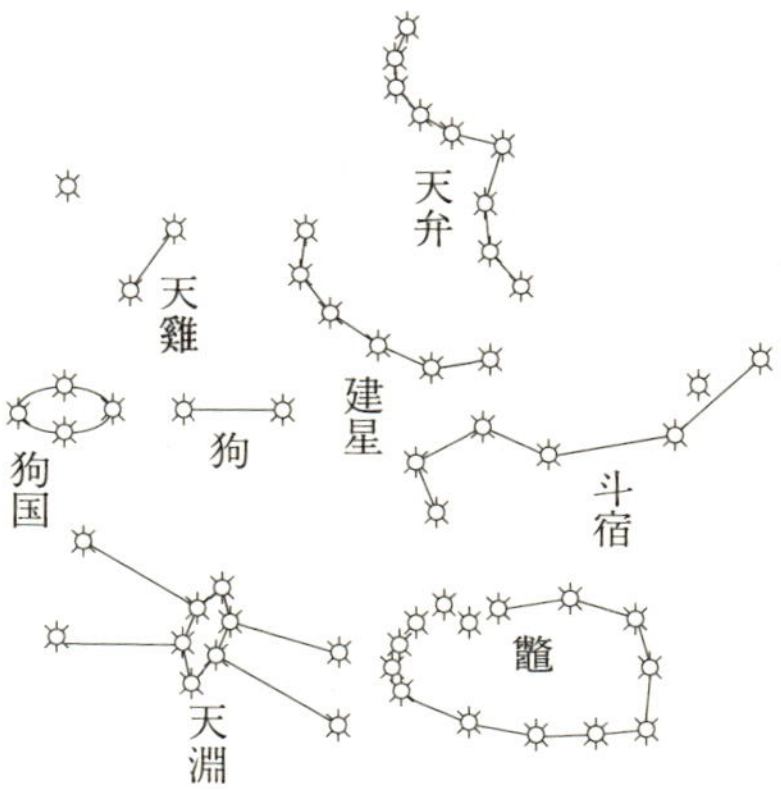

（「新法暦書斗宿図」より転写）

①生成順　古代中国思想は、宇宙間に最初に生じたものを水としたが、この水は五原素の中でも、もっとも軽微幽玄なものとして考えられた。この玄微な水から始まって順次顕著なものに進むのが生成順である。水は「五行の首《はじめ》」とされ（『後漢書』桓帝紀）、「五行は一に曰く水、二に曰く火…」（『書経』洪範）と述べられている。

②相生順　相生順は木は火を生じ、火は土を、土は

金を、金は水を、水は木を生じるという順序。

③相勝順　相勝順は水は火に勝ち、火は金に、金は木に、土は水に勝つ、とするものである。

以上三つの順序が五行には考えられたが、戦国時代、騶衍《すういん》によって五徳終始説が唱えられ、王朝交替の原理として五行相勝の理が導入され、ついで相生の理の適用による王朝交替論が展開されるに至ったことは前述の通りである。

6　廟としての南斗（その一）

神亀

南斗は玄武七宿中の首宿・斗宿をひきいる星座であるが、その斗宿の中には鼈星がいる。この鼈は水を支配し、同時に甲殻類の主長でもある。水は中国古代思想において五原素の中、もっとも玄微なものとされ、宇宙間に最初に生成したとされている。

宇宙の根元で、物の始めをなす水を支配するものがこの鼈なのである。これは要するに鼈および鼈によって代表される亀の類が、万物の祖だということを暗黙のうちに物語っていることになろう。現に亀は麟・鳳・竜と並んで四霊に数えられ、亀卜《きぼく》とは亀甲を灼く卜《うら》であった。十干の甲乙丙丁戊己庚辛壬癸の字形の基本もまたすべて亀甲にあるといわれる。

鼈のいる斗宿は北方玄武宿に所属するが、玄武は北方の水の神とされ、その神の姿は亀蛇合体であるが、しかし単独に亀だけの場合もある。いずれにしても、南斗と亀の関係は密接不可分である。

南斗が廟とされたのは、この祖神と推測される鼈星に対して、斗形の南斗が如何にも食物を運ぶとか、供えものをしているとか、そういった様子を示しているからではなかろうか。南斗は北斗同様、祖霊への食器としての感じが強い。

南斗と鼈星との関係は、供えるものと供えられるものとの関係であり、この関係は太一に届く。同様に人間から南斗に捧げものをする、つまり南斗を祀ることが、はじめて祖神を祀ることになるので、水を掌る鼈は祖神として太一と同格に意識されていたと思われる。

記述が前後するが、この鼈に清潔な水を供給しつづける小判形石造物こそ、南斗六星のその斗の部分の造型であろう。

この南斗と鼈の造型部分一帯の低地はしっかりと敷石で蔽われていて、水路をなしている。天鼈は、天漢、即ち天の川の中にいて、もし天の川中にいなければ、地上の水にも異変があるとされる。

この空間における敷石は、地上における天の川を象るものであろう。

小判形石造物と亀形石造物が、斗宿中の「南斗」と「鼈」の造型であるならば、この空間は明らかに「玄武宿」或いはその中の「斗宿」そのものである。

そうしてこの空間は、酒船石の丘陵の北麓なのである。この事実から改めて、逆に考えられることは、この丘陵の頂上の一角、酒船石の在る辺りが天の「中宮」ということであって、その確信を私が得られたのは、偏にこの鼈の出現のお陰である。

古代日本人は、宗教施設における星宿の造型に当っては、その天極からの距離ではなく、その角度によってそれを表現している。

伊勢神宮は天武朝における宗教改革に際し、神宮そのものの移転、及び内宮、外宮の諸施設もこれを変革した。

新たに造営された内・外宮の図は後掲のとおりであるが、私見によれば、

•内宮はその正殿を天極として、北斗・南斗のなす角度、六七度を、東宝殿・両宝殿の中心点を結ぶことによって表現している。

•外宮は同じく正殿を天極として、東宝殿・西宝殿の中心点を結ぶことによって、九八度の角度を示している。

九八度は玄武宿が天の一角に占める角度である。玄武宿の主宿は斗宿。その中には南斗も鼈も存在する。

この内宮外宮の構造を併せると、伊勢神宮は、

•北斗・南斗の両斗を象る内宮

•玄武宿を象る外宮

の二つの宮から成っていることが実感される。

北斗七星は北極星と相即不離の関係にある北辰であり、南斗、及びそれに属する鼈も、北方玄武宿の主辰である。

従ってこの両斗の祭祀はいわば北辰祭祀で、天武・持統朝は、明日香における天地相関の祭祀法

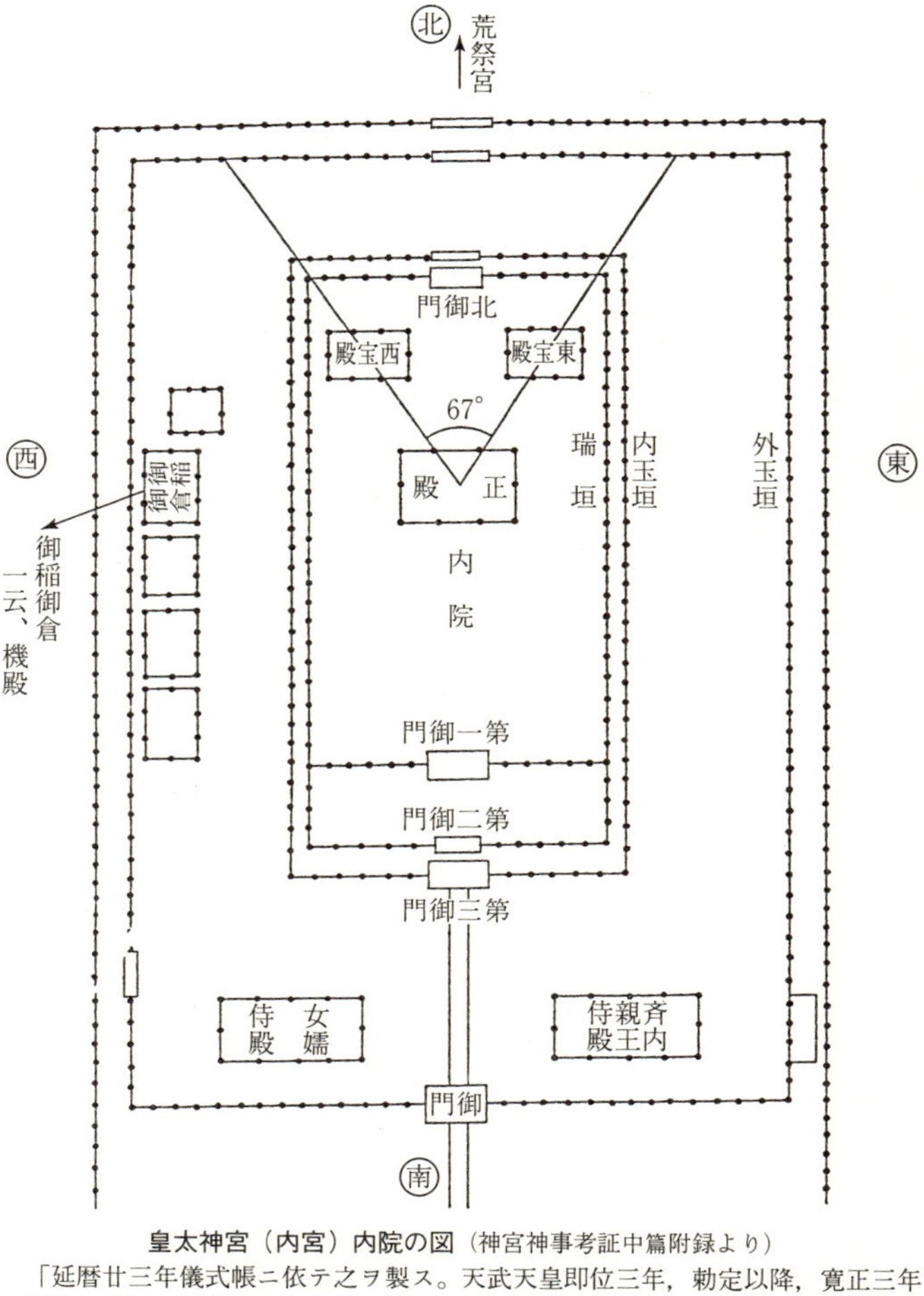

皇太神宮（内宮）内院の図（神宮神事考証中篇附録より）
「延暦廿三年儀式帳ニ依テ之ヲ製ス。天武天皇即位三年，勅定以降，寛正三年ノ遷宮ニ至ルマデ凡ソ七八九年。其間ノ制造ニ大変革有ルコトナシ。小異ハ参考諸書，附スルヲ以テ之ニ注ス」

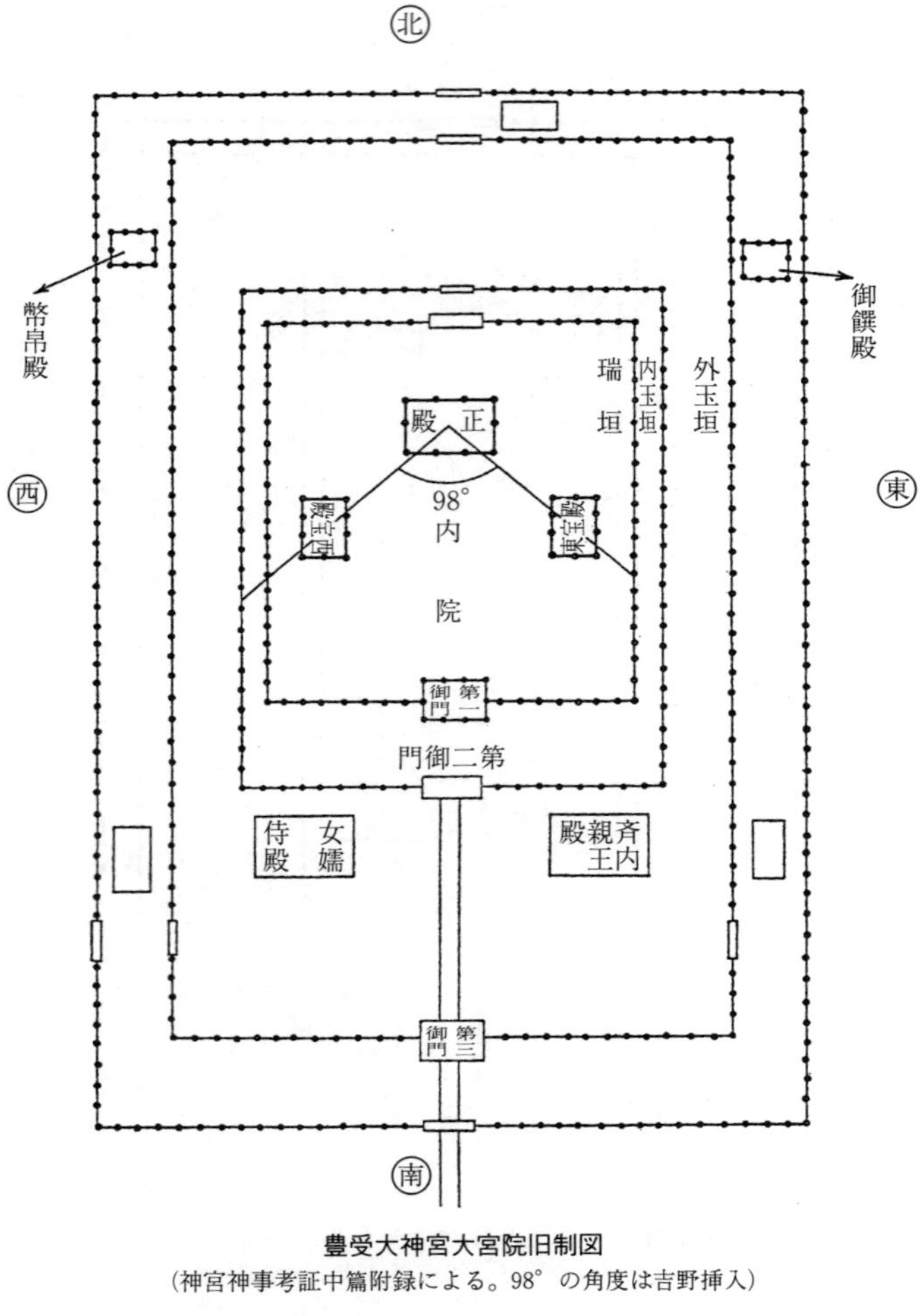

豊受大神宮大宮院旧制図
(神宮神事考証中篇附録による。98° の角度は吉野挿入)

を明らかにそのまま継承している。

北辰祭祀は、「子」即ち水の祭祀であって、明日香の地における斉明天皇の都はこの原点としての水の都であった。

おわりに

皇極（斉明）天皇

白鳳期の斉明天皇と持統天皇は、共に不世出の二大女帝である。

彼女らの知識は当時の最高水準に在ったと推測されるから、当然、当時の先進国、中国における女帝皆無の現実、並びにその所以などは知悉していたはずである。

何事も中国一辺倒であったにもかかわらず、しかもなお民族性は抜き難く、女性上位の蛇巫時代の記憶はその血の中に脈々と生きていて、男性を凌いで皇位に就くことに対して殆ど何のおそれもいだいていなかったに相違ない。

殊に白鳳期の諸皇達との関係において、姉、子、孫の間柄の斉明天皇にとって、自身を太極になぞらえて諸皇の上に君臨することなど、理の当然であったろう。

しかし、その彼女にとっても「水」の徳は何としても魅力であった。

- 「水」は「水火木金土」の生成順の第一
- 「水」は十二支の「子」

・「子」は五行の水の正位
・「易」では「一陽来復」の冬至に当たり、陰陽の交わるところ。万象の生気発生を象徴し、これは殺気発生の夏至の卦の意味するところとは、全く反対である。
・「陰」の女帝としては、「子」に象徴される「水」の徳こそ、やはり何としても取り込みたいところのものである。

斉明天皇の気宇は高遠、且つ広大だった。宇宙の水徳の宗主は、北の玄武宿の主宿、斗宿中の「鼈」である。

この「鼈」と、この「鼈」に奉仕する天上の大匕の一つ、斗型の「南斗」。この二つの造型を思い立った。

或いは、その「南斗」と並ぶ「北斗」、この二つを統合するところの「太極」としての「両槻宮」、この宮の在り場処、天の中宮を象る酒船石丘陵、それらの造営が先であったかも知れない。

とにかく明日香の地の東の涯に、自身と、その王国の原点を設営したのであった。

宇宙原理の原点は、易・五行である。その原点による「水」の徳の具体化として、斗宿の「南斗」と「鼈」をまず目に見える形で石で造り、天漢、即ち天の川も造型したと思われる。

その後は、仏教・道教をはじめ、或いは拝火教の胡人の像も加えて、ありとあらゆる水に関わる施設を造成し、この地を一大水都と化したのではなかったろうか。

第三章　第四十一代　持統天皇即位前記

はじめに

本書のテーマは、序に述べたように「武則天を例外として、中国では皆無の女帝が、古代日本では輩出しているのは何故か」ということである。

中国事情に明るかった当時、その「女帝皆無原則」の理由については知悉されていたので、その対策に当局者は心を砕き、種々、手だてが講じられた。

時代の推移につれ、これらは決して一様ではなく、各天皇、各時代によってすべて異なる。私見によればその様相は次の通り。

第三十三代推古……………………………徳の重視
第三十五代、三十七代皇極・斉明……水の重視（玄武宿の造型）
第四十一代持統……………………………水の重視（中臣寿詞・吉野行幸）

私の「持統天皇」の中にはどうしても避けて通れない重要なテーマが二つあり、その一つはもちろん此処に挙げた「女帝皆無原則への対策・水の重視」であり、他の一つは「皇嗣草壁の抹殺」で、これは拙著『持統天皇』(人文書院刊)の主要テーマ。

それに対し「水の重視」は、『陰陽五行と日本の天皇』(人文書院刊)の第一・二・三章のテーマである。

この二つを合した処に初めて持統天皇の全体像は浮かび上り、どのような場合にもこの二つを省略することは私としては出来ない。そこで本稿でも、

- 「皇嗣抹殺」については、『持統天皇』からの一部抄訳
- 「女帝皆無の中国原則の克服」については、『陰陽五行と日本の天皇』第一・二・三章の再録

という結果になった。

既刊のこの二著を既にご高覧の読者各位には、右の事情をご理解頂きたく切に御願い申し上げる。

一　持統の生立

『日本書紀』は持統天皇の為人《ひととなり》を「深沈にして大度あり。礼を好みて節倹、母儀たる徳を有す」と

述べている。深沈にして大度、とは、正に卓抜した存在感そのものズバリともいうべき表現である。

持統天皇におけるこの存在感は何に由来するものだろうか。

まず考えられるのはその出自である。持統の父は天智天皇、夫は天武天皇であるが、前者は最大の氏族、蘇我氏を仆《たお》して大化改新を遂行した天皇、後者は壬申の乱の覇者であって、両者ともに古代史上、稀有の天下人である。

日本の古代史は画期的のこの二大事件を経て、聖徳太子以来、歴代天皇が最大の課題とした中央政権の実を挙げ、大宝律令の制定をみるわけで、この時期の王者がいわば「三代目」の持統天皇ということになる。

持統は幼時から成人に達するまで、父天智の朝廷の様相、治世の業も鮮やかにその目にやきつけて、夫天武の政治には直接深く関与した。彼女にとって天下国家のことは生まれながらにして関心の対象であり、国事といえば事の大小を問わず、掌を指すように精通していたベテランであり、偉大な経験者だったわけである。

皇女にして皇后という出自、生得の資質、境遇、およびそれらからもたらされた国事に関わる計《はか》り知れない知識、経験は彼女に絶大の自信を与え、それが外に向っては自然に存在感となって滲み出し、その為人《ひととなり》の描写として「深沈大度」という表現に至るのである。

持統の人としての器量は前二者を超え、『紀』の著述者による「深沈大度」は彼女に対するリアルな描写、事実に即した表現として、そのまま素直に受けとられ、付加する何物もない、と考えられる。

しかし古代日本は中国哲学の陰陽五行をその指導原理とする呪術世界である。私は持統を「土徳の君」として捉えるが、この視点に立てば又別途に、深沈大度・好礼・節倹・母儀等の表現には土徳象徴の意が感じられるのである。

こうしてみると『日本書紀』の表現は、「現実と呪術」の、両面からの描写とも受けとられる。つまりそれは肖像画の画家が常に対象の内面と外面の描写を心掛けるのに似るが、この場合その内面とはもちろん「土徳の君主」としての持統像である。

持統の行動には「土徳の君」として捉えたとき、はじめてその理由が頷《うなず》ける場合が少なくない。たとえば夫帝天武の崩御日の呪術的設定、藤原京造営と遷都における日時、歌人柿本人麿の重用、等である。

二　天智天皇「木徳」の推理

治世中重要の年月日

孝徳天皇の後に立つのは皇極重祚の斉明天皇であるが、彼女には自身を「太極」ととらえ、大化改新の仕切り直しをしたいという大きな欲望があって、中大兄、間人等とともに明日香に戻り、ここに天空を象る壮大な新都をつくったのは前章に述べた通りである。そこでこの斉明天皇の特殊の例を除けば、孝徳天皇の水徳の後をつぐのは木徳の天智天皇である。

天智天皇の近江遷都は、①四神相応の吉相の地であって、しかも、②北方、子方《ねのかた》に当る大津に首都、つまり一国の太極を移し、大いに国運を開こうとした壮大な呪術であると推測されるが、さらに、③北方水気は水生木で、木徳の天皇にとっては、その徳を生じられるという吉方位であった。こうして近江遷都には三つの呪術が重なり合っているのであって、その呪術遂行に当っては卯年《うのとし》卯日《うのひ》の木気が撰用された。こうした事実が、天智天皇の木徳を証し、裏づけているとみられるのである。

冠位制にみられる天智の「木徳」

大化二年正月、改新の大詔が発せられて以来、月を追って新制が発布、実施されて、大化三年には、礼法および七色十三階の冠位が定められた。

「この冠位は、聖徳太子の定めた冠位十二階を発展させたものであるが、太子の徳・仁・礼・信・義・智と、徳目を冠《かんむり》の名としているのに対して、これは大織・小織・大繍・小繍・大紫・小紫、というように、冠を作る布の冠位の名称としている点に、考えかたの差がみられる。冠位の制は、これよりのち、大化五年に十九階、天智三年（六六四）に二十六階と、次第に多くなる。冠位の時とともに官制が整備し、官吏の数が多くなるにつれて、当然冠位の名称にも変化が生ずるが、大化五年の十九階も、天智三年の二十六階も、その中に織・繍（縫）・紫など織物に関係ある名称を採用している点では共通している。この間、政治の中心にあるのは中大兄皇子と藤原鎌足で、政治がある一つの方針にもとづいて発展していることが、冠位の制の変遷の過程にもあらわれているといえるだろう。天武天皇も、はじめは天智三年の制を踏襲しているが、晩年の天武十四年

（六八五）には、これを改めて明・浄・正・直などの徳目を名称とする六十階の位階制を定めた。天智と天武の政治の差が、こんなところにも表れているかもしれない。」

（直木孝次郎『持統天皇』吉川弘文館、傍線引用者）

古代爵位変遷表

<table>
<tr><th rowspan="2">天智三年（六六四）</th><th colspan="2">天武十四年（六八五）</th><th colspan="2">大宝元年（七〇一）</th></tr>
<tr><th>諸王以上</th><th>諸臣</th><th>親王</th><th>諸王諸臣</th></tr>
<tr><td rowspan="2">大織
小織
大縫
小縫
大紫
小紫</td><td>明 大一 広一</td><td>正 大一 広一 大二 広二</td><td rowspan="2">一品
二品
三品</td><td rowspan="2">正一
従一
正二
従二
正三
従三</td></tr>
<tr><td>明 大二 広二</td><td>正 大三 広三 大四 広四</td></tr>
<tr><td>大錦 上中下</td><td>浄 大一 広一 大二 広三</td><td>直 大一 広一 大二 広二</td><td>四品</td><td>正四 上下
従四 上下</td></tr>
<tr><td>小錦 上中下</td><td>浄 大三 広三 大四 広四</td><td>直 大三 広三 大四 広四</td><td rowspan="9"></td><td>正五 上下
従五 上下</td></tr>
<tr><td rowspan="2">大山 上中下</td><td rowspan="8"></td><td>勤 大一 広一 大二 広二</td><td>正六 上下</td></tr>
<tr><td>勤 大三 広三 大四 広四</td><td>従六 上下</td></tr>
<tr><td rowspan="2">小山 上中下</td><td>務 大一 広一 大二 広二</td><td>正七 上下</td></tr>
<tr><td>務 大三 広三 大四 広四</td><td>従七 上下</td></tr>
<tr><td rowspan="2">大乙 上中下</td><td>追 大一 広一 大二 広二</td><td>正八 上下</td></tr>
<tr><td>追 大三 広三 大四 広四</td><td>従八 上下</td></tr>
<tr><td>小乙 上中下</td><td>進 大一 広一 大二 広二</td><td>大初 上下</td></tr>
<tr><td>大建
小建</td><td>進 大三 広三 大四 広四</td><td>小初 上下</td></tr>
</table>

直木氏は冠位制の中にみられる天智と天武の差を正面から指摘されるが、その意義は問われずに終わっている。

私見によれば、これは天智・天武の五行の徳の差異に因《よ》るものにほかならない。従って裏返せば前者は天智の木徳、後者は天武の火徳の表出ということになる。

即ち、木火土金水の五気のうち、生命のある有機体で、どこまでも伸びて止まない象をもつものは木気である。木気は「曲直」を本性とし、伸びたり屈したりして目的に到達する長いもの、たとえば自然界では「風」「蛇」、人為的のものでは「糸」「織物」「反物」などがこの中に含まれている。

この木気を生み出すものは、「水生木」の法則によって「水気」である。大化改新時の孝徳朝は「水徳」であるが、この時に当って、木気を象徴する織物（「織」「繡」「錦」等）の名称を持つ位階制を設けたことは、改新の治政の順当な発展への予祝、限りなく伸びて行く象を執った呪術として受けとられる。

木徳の天智朝にとっては、同気の木気象徴の位階制は、その帝徳を扶翼する無形の援護者たり得るのである。この意識の下に天智三年の二十六階制にも、その名称はそのまま踏襲された、というより、これは大化三年制定時において、既に予定されていたのである。直木氏の指摘される通り、大化五年も天智三年も、その政治の中枢にあるのは中大兄（天智）だったからである。

水気・木気のいずれにとっても木気象徴物は祐気となる。天智は自身の木徳予見の立場から、位階制の名称に夙《はや》く織物の名称を付したのである。この事実は、天智が自身の木徳に執着している証しではなかろうか。

この木気表出の織物の名称を持つ位階制は、次の天武朝にとってもけっして悪いものではない。

天武は「火徳」。この名称は木生火の理によって、火徳を生み出す祐気となる。しかしそれが、天武最晩年の十四年に至って急に改変された謎については、持統朝の推理にゆずる。

三　天武天皇「火徳」の推理

壬申の乱と天武天皇の火徳

天智天皇を木徳とすれば、木生火《もくしょうか》の理法によって次に立った天武帝は、火徳の君ということになる。火徳の君としての天武天皇をもっともよく示しているのは、その崩御の時点における一連の葬礼であろう。

しかし天武の葬礼については後述する。というのは、天武天皇の大葬は、本考の主人公、持統天皇の演出によるものであり、しかも彼女がその生涯の中でも、もっとも心をつくし、その総力を挙げて実行した呪術と推測されるからである。天武を「火徳の君」として捉える史家はこれまでのところ見当らない。しかし、『紀』の壬申の乱の記事中に、近江軍は天武軍と識別するために、その軍衣に赤色をつけた、とあるので、天武は漢の高祖にならった、とは考えられている。しかしそれだけでは天武の使用する赤色の説明は十分ではない。彼は自身を「火徳の君」として捉えているからこそ、火徳の漢の高祖と同じ色を使ったのである。

同じく『書紀』の壬申の乱の記事の中で、天武天皇の火徳を、さらによく立証すると思われるものに次のような事例がある。

壬申の乱において敵味方入り乱れての混戦になったとき、近江軍の将は自軍の将卒に「金《きん》」の合言葉を使わせ、それを以て敵味方を判別したという。

戦闘の記録はだいたい、勝者によって記される。したがって勝者の運の憑きのよさなど、勝者への阿《おも》ねりから官吏は事件を粉飾し、あるいは敗者の敗因について予兆的な出来事をかくことがある。

壬申の乱の記述者はなぜ、近江軍に「金」を名のらせたか。

天武天皇が火徳の君ならば、その軍隊は当然、火気であって、それは「火剋金《かこくきん》」で金に勝ち、金を剋するのである。

一方、先に推測したように天智天皇を木徳の君とすれば、近江軍はその木徳の後をつぐもので、木気によって象徴される軍であろう。木気は「金剋木《きんこくもく》」で金によって剋される。近江軍は自ら「金」と名乗ることによって、木気である己れ自身を攻め剋し、他方、火徳の天武軍からは「火剋《かこく》金《きん》」と剋されることになる。『日本書紀』のこの記事は、天武朝の官吏により、天武軍の一方的の勝利を予兆・暗示する一つのエピソードとして挿入されたものではなかろうか。この記事を天武帝火徳の例証の一つとして考えたいのである。

なおこの乱の勃発直前、当時大海人皇子であった天武天皇が、身の危険を察知して近江京を脱し、南、午の方の吉野へ向ったのは、六七二年六月二十四日壬午の日であった。

「天武紀」十年五月十一日條に、

「祭皇祖御魂」

という記事がある。わずか五字であるが、この記事はきわめて重要である。旧五月は夏至をふくむ六月。五月十一日はおそらく現在の六月二十二日頃に当り、夏至の日と思われる。夏至は火気のもっともさかんなときであるが、この夏至になぜ、天武天皇が皇祖の御魂を祀られたのか、この記事こそ天武天皇の火徳をよく証拠立てると思われる。

四　持統天皇「土徳」の推理

持統天皇の諡号

天武天皇を火徳の君とすれば、相生順の、火生土《かしょうど》で、持統天皇は土徳の君のはずである。持統天皇の治世の間に、土気を含む事象、あるいは反対に地に対する天が、何らかの形で頻出すれば、持統天皇の徳は土気。そこでその諡号《しごう》の考察をする。

中国哲学の根本にあるものは、天地同根の思想であって、元来、同根の天と地は離れてはならない。天地・陰陽は互いに交感しあってこそ、万物は生じ、五行の輪廻によって万物は永生を保証されるのである。

そこで持統天皇が自らを土徳の帝王として意識したならば、彼女の最大関心事は、常に天と交わることにあったろう。しかも彼女は女性であって、土徳に加えてそれ自身が陰であり、坤である。したがってその反対の陽・乾《けん》との合一、つまり天地乾坤の合一は不断に彼女が意図して止まないことだった。彼女の諡号は「高天原広野姫天皇《たかあまのはらひろのひめのすめらみこと》」。これはまったく「天」そのものを指す名号に他ならない。この事実はおそらく持統天皇の徳が土徳であることを、もっともよく証拠だてているものではなかろうか。

天智天皇の謚号は「天命開別天皇《あめみことひらかすわけのすめらみこと》」。天智天皇は木徳であるが、木気の精は木星である。木星は約十二年で天を一周し、その運行から木星紀年法が生まれ、十二辰の元を開く太歳も、元来、木星の神霊化ともいうべき架空の星である。

天智天皇のおくり名は木星の作用に基づいていると思われる。

水徳と推測される孝徳天皇の謚号は「天方豊日天皇《あめよろづとよひのすめらみこと》」。これは水に配する日（火）の陽徳でバランスがはかられている。

天武天皇崩御前年の位階名称改定

先に大化改新当時から天智朝を通して、位階に織物の名称が撰ばれたのは木気の表出であると推理した。

天武は火徳なので、「木生火」の理により、この織物の名称は天武朝にもそのまま継承された。ところが、天武崩御の前年、十四年正月に至って、急にその名称は次のように更改された。

天武14年(685)改定	
皇族	臣下
明・浄	正・直・勤・務

天武はこの頃、既に体調をくずし、鸕野皇后の勢力は一段と強化されていたと思われる。

次の皇位を践《ふ》むことを予期していた彼女は自身を「土徳の君」と位置づけていた。

そうなれば「木剋土」の法則によって、木気象徴の従来の名称はまことに好ましくない。彼女は位階名称の更改を夫帝に迫り、実現に漕ぎつけたのが上記の名称なのではなかろうか。その際、彼女の意図した点は、

- 夫妻共治の象徴化
- 火徳・土徳の具体化

であった。

- まず夫帝の「火」は「天」
- 自身の「土」は「地」

に還元される。そこで位階の配分・名称にも天地の二元が執られ、

- 皇族（天）
- 臣下（地）

に分けられた。

皇族用の

「明」・「浄」……はそれぞれ火気と陽気の象徴

臣下用の

「正」・「直」……はそれぞれ方正と素直

「勤」・「務」……は地役を意味し、いずれも細心に努め励む土気の象

に還元される。
天武晩年の位階とその名称の改定にも、持統の土徳が推測されるのである。

禅譲と火葬その他に関わる干支

持統天皇の譲位と崩後における殯《もがり》、火葬、埋葬に関する干支は次の通りである。

六九七年（丁酉）　八月　一日（酉月乙丑）禅譲、
軽皇子即位。
七〇二年（壬寅）十二月二十二日（丑月甲寅）持統天皇崩御
十二月二十九日（丑月辛酉）西殿に殯り。
七〇三年（癸卯）十二月　十七日（丑月癸酉）飛鳥岡に火葬。
十二月二十六日（丑月壬午）大内陵に合葬。

・考　察

持統天皇は酉年丑日に皇位を孫の軽皇子にゆずったが、それは皇位の譲渡を、土生金《どしょうきん》の相生の理で行なっている。

「酉」は正西の金気で、「丑」は三合では金気の墓気である。土徳の天皇は、相生の理により、土生金と御代の順当な転換・循環をはかったものと思われる。

殯・火葬の日取りにもまた土生金のくり返しがみられる。これらは次の大葬の日取りなどとともに、すべて彼女の遺詔によるものか、または彼女の意を体した陰陽寮の官人などによって撰ばれた日取りであろう。

大葬の日は、土気と火気の組合せであるが、これは夫帝の火徳、及びその葬地が藤原京の真南、午方《うまのかた》に当り、ここに子午軸が形成されることに関連がある。持統天皇は午日《うまのひ》に午方に葬られたのである。ということは藤原京は子方《ねのかた》に当り、持統天皇は大葬の日に子午軸上を動いたことになる。子午軸の意味する処は永遠の輪廻・転生である。

土気と火気の組合せは、土徳の持統天皇にとって相生の理の火生土《かしょうど》であり、これもまた再生輪廻のための呪術となりうるのである。

この火生土の相生の理の実践は彼女の火葬にも見られる。

持統天皇の火葬は余りにも名高いが、それは従来、主として仏教の影響として説かれている。しかしそれのみで持統天皇の火葬が説明しつくされるか否かは疑問である。

同じ大内陵に葬られた夫の天武帝は棺に納められ、妻の持統天皇は骨甕に入っている。土葬を古習とする天皇家において、持統天皇の火葬は一大変革であり、しかも夫妻合葬陵の中で、このような異様さをみせているのは余程の理由がそこにあるとみなければならない。棺と骨甕という不均合も甘受されるほどの共通原理がそこにあるはずであるが、その共通原理とは天武・持統両天皇によって終始、貫かれた五行の理ではなかろうか。

持統天皇には火徳の夫帝をつぐ土徳の君として意識が牢固としてあった。灰は「土《ど》」であるから火葬によって灰となることは、一気に「土」と化《な》ることであった。火生土と土に化することは、火徳の夫帝の徳をつぐことでもあり、また自身の土徳を、即刻、呪術的にも実際的にも実現することであった。火生土の理は持統天皇にとって二重の意味があり、これら二重の願望が持統天皇に火葬を遺詔させたのである。

五　天武天皇の崩御とその火徳

天智天皇を木徳とすれば「木生火《もくしょうか》」の理によって次に立った天武は「火徳の君」ということになる、この天武の火徳が窺われる最も好い例は、その崩御の日取りと、埋葬年月日である。

そうして天武帝の一連の葬礼の演出は当然、皇后の持統であろう。つまり言葉を変えれば持統朝の呪術の最初にして、しかも最も顕著なものは、その夫帝の葬礼であって、その一連の葬礼こそは、天武の火徳を証し、且つ、持統朝の呪術の深遠さを知る好箇の資料なのである。

正史記載の天武天皇崩御年月日

正史の記すところによれば、天武天皇の崩御は、

六八六年九月九日

である。この年月日を干支にすると、

丙戌年《ひのえいぬ》・戊月《いぬのつき》・丙午日《ひのえうまのひ》

ということになる。ここにみられるのは、

午の三合（火気の三合）
寅…生，午…旺，戌…墓，寅・午・戌の
三支はすべて火気となる

十干……丙（火の兄《え》）
十二支…午（火の旺気）
十二支…戌（火の墓気）

で、十干・十二支共に火気である。

くりかえせば、「火の三合」の法則においては寅・午・戌三支の関係は、

寅…（正月）は火の生気
火の三合　午…（五月）は火の旺気
戌…（九月）は火の墓気

ということになる。

九月の「戌」は火の墓気、即ち火の死ぬところであって、火徳の天武の葬礼にもっとも理に適っている。

即ちこの三合の法則を一年の構造のなかにあてはめれば、火気は、

寅（正月）に生じ、
午（五月）に旺《さかん》に、
戌（九月）に死ぬ

のである。戌（九月）に滅した火気は、滅するからこそ再び寅に生き返る。

万物万象は生じて旺《さかん》に生きてやがて滅ぶ。「戌」字は「滅」の意である。滅すればこそ再び生れ

ることが期待されるわけである。火徳の夫帝を、このように火気の「戌」、「滅」、「墓」の時点に葬ることは彼に対する永生の輪廻への回向《えこう》となり、持統が天武の崩御の日とした九月九日の時日は、まことに当を得たものといわなければならない。

その上、九月九日は極陽、極数の九の重なった「重陽《ちょうよう》」で五節供《ごせっく》の一つ。重九を長久にひきかけて、中国においては古来、菊酒を飲んで長寿を祝い、茱萸《ぐみ》の袋を下げて登高するならいであった。この菊花の宴の日本における文献初出も、また「天武紀」十四年九月九日（壬子）のことで、九月九日は天武生前にも格別に意識されていたことになる。

しかし火徳の君の死がこのようにその最もふさわしい日になっていることは、この日取りが余りにも呪術的に出来過ぎていて、現実に亡くなられた日はこれとは違うのではないかという疑いをおこさせる。

それでは天武は実際にはいつ亡くなったのか、これもまた本書全体からみて必要な推理である。

天武現実崩御の推理

天武天皇は六八六年五月二十四日に発病されているが、五月・六月には確実に存命である。それは五月末に川原寺で「薬師経」が読誦《どくじゅ》されたり、六月十日、草薙剣《くさなぎのつるぎ》が天皇の病に祟っているとされ、この神剣が即日、熱田宮に奉還されていることなどからも論証される。

しかし七月になると世の中は急にあわただしく、七月十日には落雷による庁舎の炎上、十五日には「天下之事、不問大小、悉啓于皇后皇太子」という詔勅が出て、大赦が行なわれている。

恐らくこの詔勅の出た十五日が危篤におちいられた日で、この後、間もなく崩御になったと思われる。

そこでもし七月二十日、朱鳥と改元されたこの日を、一、二日のズレはあるとしても、現実に亡くなられた日とすれば、それから四十九日後の九月九日は、満中陰の忌明けとなるではないか。

そうすれば宮廷では表立って執行《とりおこな》えない中陰の法要は、この法要の体裁の下にこの間に存分に行なうことが出来る。

それを裏書きするように、七月二十日から九月九日に至る『書紀』の内容は、天皇の為の読経・供養・施与・浄行人の出家などの記事で埋めつくされ、これらは当然、中陰の法要とみなされるのである。

それは九月九日以降になると、これら法要の記録は急になくなり、入替りに殯宮《もがりのみや》における殯りの記事で満たされるようになるのと全く対照的である。

この実際の崩御日と、呪術崩御日のカラクリは、表にしてみると一層、明白になる。

先に一、二日のズレはあるとしても、七月二十日を一応、現実に亡くなられた日として図表を組み立てたが、この七月二十日は、「戊午日《つちのえうまのひ》」で、この「午日」は生前の天武が壬申の役をはじめ、事に当って常に使っていた日取りである。従ってやはり現実の崩御日ではなく呪術の匂いがする。

それでは本当に亡くなられた日は一体、何日なのであろう。

天武現実崩御日「七月二十二日」

ここで一つ手がかりになるのは、「天智紀」四年の「間人《はしひと》大后、二月二十五日薨去」に続く「三月一日、大后のために三百三十人を出家させた」という記事である。

間人大后は皇極女帝の皇女で天智天皇の同腹の妹。孝徳天皇の皇后でありながら孝徳を難波にお き去りにして兄の天智に従い、天智と夫婦に似た関係を疑われている皇女である（私見によれば間人は天智のオナリ神である）。

天智は自分が大切に思っていたこの皇女の死を悼《いた》み、三百三十人もの多数の浄行者を出家させた。それが三月一日だった。旧二月は大の月であるから、三月一日はその初七日に当たる。初七日の字は見当たらないが、疑いもなくこれは初七という中陰のなかで最も重要な日なので、その日に大量の人数を亡妹の回向のために出家させていることを意味していると思われる。

天武天皇の場合、「朱鳥元年七月二十日改元」の記事にすぐつづいて「丙寅（七月二十八日）撰浄行者七十人以出家。乃設斎於宮中御窟院」とある。

これは間人皇后の初七日の記事によく対応する。

七十人の「七」は初七の七と同時に、天武天皇が生涯撰用した十二支七番目の午の象徴、あるいは火の成数、七を現わしていると思われる。七十人を出家させ、宮中の御窟院に斎《とき》を設ける、というのは盛んな初七日の法要を叙しているものであろう。

七月二十八日を初七日とすれば、亡くなられた日は「七月二十二日」ということになる。七月二十日の改元より二日ズレているが、この七月二十二日が天武天皇の現実に崩ぜられた日と私は推測する。

年	表面 呪術崩御（日付）	表面 呪術崩御（事項）	裏面 現実崩御（日付）	裏面 現実崩御（事項）
686 丙戌	七月二十日戊(午)	朱鳥と改元	七月 戊午	崩御
			庚午	中有(中陰) 四十九日間
			壬午	読経 供養 ＞ 法要
			甲午	
	九月九日(丙)午	崩御発表	九月九日 丙午	満中陰。忌明
	九月十一日戊申	殯宮を南庭に起つ	上と同じ	上と同じ
	九月二十四日辛酉	南庭に殯し、即ち発哀	上と同じ	上と同じ
		殯期間 二年二カ月		
688 戊戌	十一月四日戊(午)	皇太子以下百官殯宮にて慟哭	上と同じ	
	十一月十一日乙丑 (子月)	大内陵に葬	上と同じ	

天武天皇の崩御と大葬

六　持統による持統のための天武呪術崩御日設定

このように天武が現実に亡くなったのは七月二十二日であったにもかかわらず、持統は敢えてそれを伏せて、火徳の君のためのもっともふさわしい九月戊月呪術崩御を演出した。しかし強《したた》かな彼女は、只、単に夫帝のためにのみこの複雑な段取りを考え出したわけではない。

彼女にとって、この呪術崩御日設定は、むしろ彼女自身のために一層、必要だったのである。九月九日、戊月丙午日を崩御日とすることが何故、彼女にとって絶対必要であり、有益なのか、次にその推理に移りたい。

登極に対する持統の確信

先に陰陽五行による古代中国王朝交代の理念「五徳終始説」が白鳳期の日本に導入され、個々の天皇の位に五気が配当されたと推理したが、それならば、火徳の天武を継ぐ天皇は、相生順によるときは当然「火生土」の理により「土徳」の君のはずである。

土徳とは土気の作用《はたらき》、能力のことで、その具象化は「地」。陰陽五行における「地」は、「天」に対するもので、その対照表は次の通り。

陰　陽
天……地

乾……坤

男……女

夫……妻

この表にみられるように「天」に対する「地」の象徴は、女、妻であって、土徳の君には女帝こそふさわしい。持統の念頭にあるものは、条件の悉《ことごと》く揃っている自分を措いて夫帝のあとを継ぐものは他にはないとの確信であった。

この仮説を元に、呪術的日取りと見做される天武崩御の九月九日（戊月丙午日）を改めて考えよう。

火と土の関連

木火土金水の五気は互いに関連するが、その中でも火と土の関係は最も深い。つまり火は燃えて火そのものが灰（土）と化《な》るからで、この関係は水と木、木と火、土と金、金と水の間にみられるものより一層切実である。

つまり『淮南子』に定義されるように、土は火と同じの「寅・午・戌」三支の結合をするからである。

- 火は寅に生じ、午に旺んに、戌に死す。三辰は皆火なり。
- 土は午に生じ、戌に旺んに、寅に死す。三辰は皆土なり。

この定義によって明らかなように、火も土も寅・午・戌の結びつきをする。只、その生旺墓の順が異なるだけである。

火　寅……生
　　午……旺
　　戌……墓

土　午……生
　　戌……旺
　　寅……墓

これを分析すると、

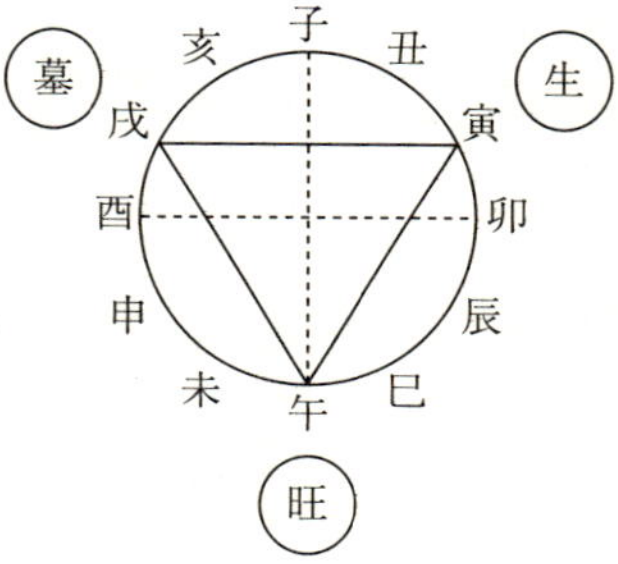

火の三合

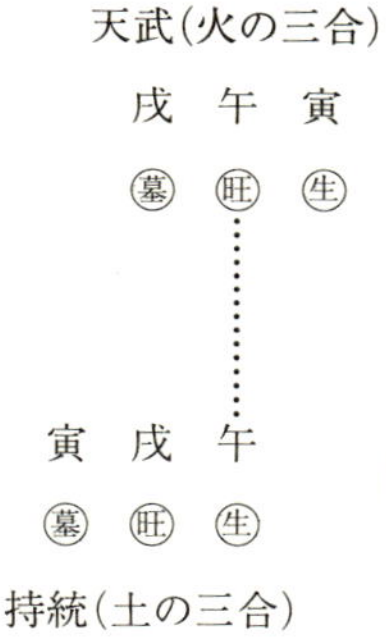

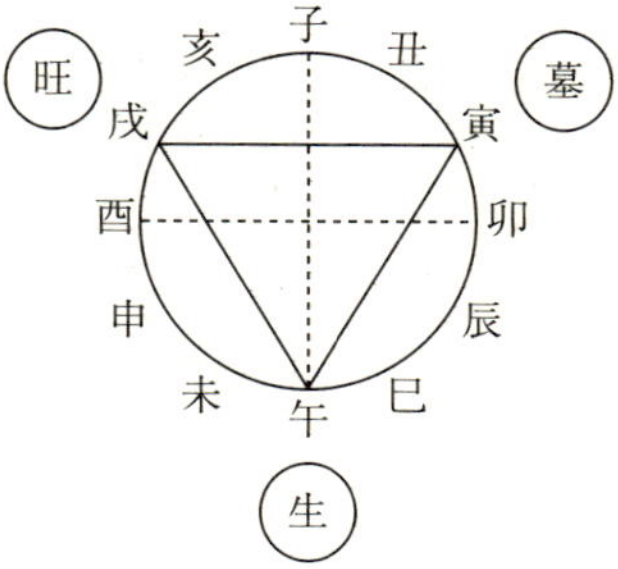

土の三合

・火は午に壮《さかん》に、土は午に生ずる。
・火は戌に死し、土は戌に壮になる。
ということになる。次に、
・火を天武
・土を持統
・戌を九月
に置き換えれば、天武は九月に死に、持統は九月に壮になり、ここに陰陽五行の理による火徳から土徳へ、天武から持統への呪術リレーが完成する。火が死ぬとき、土は最も壮になる。つまり秋九月戌月における天武の死は、同時に妻、持統の壮んな登極を意味するわけである。

現実に即してよく見ると、事情は一層、判然《はっきり》して来るのでもう一度くり返す。
土気（持統）は、火気（天武）の旺気「午」に生まれる。ところが土気の持統が頼みとする「火徳の君」は今や瀕死の状態にある。
そこでとられた苦肉の策が「朱鳥改元」であった。
方位を守る四神は、
東　青竜…木
西　白虎…金
南　朱鳥…火

北　玄武…水

である。

朱鳥は南、火を象徴する神で四神の一つ。そこで天武の治世を、火気の精「朱鳥」と名付けてしまえば、「名は体をあらわす」という通り、天武治下の世は、挙げて強勢の火気と化《な》る。たとえその君は瀕死でも「朱鳥」と命名された天武の天下は旺《さかん》な火一色と化してしまう。ところで土気はその火の旺気に生れる。

「土徳の君」持統は文字通り、「朱鳥」という火の鳥の中に、誕生したのであった。

一方、瀕死の夫帝はどうなっていたろうか。朱鳥改元のあった「七月二十日戊午日」、天武は死んでいるはずはない。この呪術は前述の通り、天武が火徳である以上、たとえ重体であろうと生きている限り確実に奏功する。しかも「七月二十日」は「戊午日」の火気であるから効果は倍加する。しかもそれもこれも天武がこの改元日には「生きていること」が前提条件だから、この日までは確かに生きておられたのである。

しかし危いところだった。翌々日、七月二十二日、天武は崩じた。その初七日が先述の七月二十八日、七十人の浄行者出家があった日である。

呪術は更につづく。

朱鳥改元と呪術崩御日設定の意味

七月の二十二日の実際の崩御日は表面からは全く伏せられて、くり返し述べたように公表された天武の死は、火気の滅すべき戌月《いぬのつき》ということになっている。

それは呪術上、火徳の君の死を、火気の「生・旺・墓」の輪廻の軌上《きじょう》に乗せることを意味し、夫帝への何よりの供養となるものではあるが、土徳の持統にとっては一段と有利な呪術となる。

つまり、火気の死ぬ「戌」は、土気の最旺となるところで、先に午月《うまのつき》に生れた土気は、戌月に至って大いに壮《さかん》になり、土徳の君の天下は、居ながらにして廻って来るようなものだったのである。

即ち呪術上、

- 戌年戌月《いぬのとしいぬのつき》…火徳・天武は衰滅し、
- 戌年戌月…土徳・持統は最旺となる。

天武崩御時におけるこれら一連の呪術は、火と土に関わる五行の法則を裏に秘めた天武朝から持統朝への巧妙なリレーにも譬《たとえ》られる。

- 朱鳥改元…火から土へのバトンタッチ
- 呪術崩御日…火から土へのリレー完成

バトンタッチは天武生存中でなければならず、リレーの完成は、前走者の脱落、即ち天武の死による後走者の登場、即ち持統登極で終わるのである。

持統登極の絶対性と草壁抹殺の必然性

天武治世中にも皇后持統の権力への執心、政治好きは既に顕著であった。

その本心は当然、夫帝の後を継いで、登極（即位の意）することにあった。この野望は、陰陽五行の「火生土」の理によって正当化され、彼女はその理を夫帝の一連の葬礼の中に見事に具象化した。朱鳥改元、戊月丙午日の崩御日設定がそれである。

これこそ持統による数多くの呪術の中でも、最も精緻、巧妙を極めているもので、表面、まことにさりげなくみえる改元、崩御日設定の中に、含みの多い込み入った呪術の数々が織りなされている。

持統にすれば単なる夫妻というのではなく、皇位継承の次元において呪術的にこの二者が深くからみ合い、結びついている以上、皇太子草壁の出る幕はなく、その即位など、はるか霧の彼方に消え失せて行くようなものである。

事実、たしかに草壁は霧の彼方に消え失せた。それは母、持統のかねての予定の行動の一つ、即ち母の手による我が子の抹殺と私には思われる。

もちろん、母は直接、手を下したわけではなく、誰かを手先に使っている。その手先になっているのは藤原不比等と物部麻呂であろう。

天武の崩後、持統は電光石火のすばやさで大津皇子を謀反の罪名の下に一挙に屠《ほふ》っている。周知のように大津皇子は持統の同腹の姉の遺児で実の甥に当たり、その出自、材幹、人物、風采のいずれの点においても当時最も優れた人材であった。

従ってその殺害は持統の只一人の愛子、草壁皇太子の即位の安全を願ってのこと、というのが定説である。しかし、それはむしろ、草壁登極への道ならしなどではなく、持統自身の登極への準備と見做される。

大津皇子を始末すると残る最大の障害は草壁ということになる。草壁が憎いのではない。皇太子と皇位に最も近くいる邪魔者であるから、邪魔者は殺せである。『書紀』にみるこの尊貴の皇子の死の記録は僅か九字。「それ以上書けぬ」という執筆者達の嘆息が九文字の背後からきこえてくる。大津・草壁の二皇子は持統の皇位への野望の前には、共に屠られるべき同じ運命を負ったいわば等距離にある存在であった。

しかしその死後における二皇子の扱いは文字通り、呪術的には天地の相違があるがその詳細は次章以下にゆずる。

これは余りにも辛口すぎる推測であろうか。紀元六九〇年、奇しくも持統と同年に登極の唐の則天武后もまたその愛児殺害を疑われている。古代の人々の欲望のしたたかさ、愛憎の熾烈《しれつ》さ、実行力、精神力の強靭さは、到底、後代の人間の及ぶところではない。今を以て昔を考えてはならないのである。

七　持統即位への道

持統の決意

天武朝の政治の特色は、既に多くの先学によって指摘されている通り、所謂「皇親政治」ということである。それは左右大臣をおかないことをはじめ、政治の中枢が皇族によって占められている形態をさすが、その中でも取分け顕著なものは天武天皇と鸕野皇后による共治体制である。

何故、そのようになったのか。その理由の第一に挙げられるのは、当時の政治理念の基本に据えられていた中国古代哲学の陰陽五行の法則である。

「火生土」即ち、火気が土気を生む、という五行の理によるとき、火徳象徴の天武を継承するものは土徳の君であらねばならず、その土徳の君としては女性の自分が最適であって、この継承は絶対、他者に譲ることが出来ないという持統の強い自負がその原因の第一に挙げられる。しかも火と土の関係は継承だけではない。火と土の結びつきは五行の中でもことに強く、火と土は相即不離の間柄であって、この両者は搦《から》み合って離れない。

政治好き、権力志向の持統にとってこの法則はまことに都合がよく、夫帝に迫って共治を主張したと思われる。

理由の第二は持統におけるその独占欲である。篤実な祖父、石川麻呂、及び柔和な母、遠智娘を幼時に失って以来、狂信的な皇祖母、皇極と、冷徹な父、天智との宮廷における彼女の日々は、疎外された雰囲気の中で極めて暗く寂しかったものに相違ない。弟、建王《たけるのみこと》に対する皇祖母の常軌を逸した愛情や、姉、大田皇女にそそがれる父の暖かい目差しの圏外にひとり取り残された幼い持統の環境は、物質的には豊かに恵まれたものでありながら、精神的には愛に飢えた荒涼たるものだったのではなかろうか。その幼時における飢餓体験が、後に自身をめぐる一切のものに対する激しい独占欲に化したのである。あくまでも推測の域を脱しないが。

第三は壬申の乱以前の、これもまた満たされることの少なかった結婚生活である。これも第二と同様に推測に過ぎないが、もしその結婚が、天智の求める額田との取引きの材料に過ぎないものであったとすれば、それに気付いた時の持統の心は、どれほど傷つけられたことか。しかも夫の天武は、持統との結婚後、十年経った六六八年頃もなお額田に執着していたのである。

しかし、それから四年後、六七二年勃発した壬申の乱は幸いなことにそれらの過去を一挙に払拭した。戦乱の中を一時、独居はしたものの、その間完全に夫帝を独占し、天武もまた妻をたよりにして、二人の心は勝利に向って一つになっていた。

一度、手に入れたものを放すことはない。持統にとって天武と二人で踏み出したその新体制に、他者を交える隙はあってはならないし、また絶対に交えることもなかったのである。

天武朝の特色は左右大臣さえおかない皇親政治であったが、それも畢竟《ひっきょう》、その中核は天武・持統の絶対専制君主制の体制であった。

この他者を交える隙のないという状況は、そのまま天武崩御の皇位継承においても実現されるべきもので、天武・持統の共治制は、一方の天武を欠いたときには、皇位は必然的に持統によって継承されるべきものというのが持統の信念だった。長い共治体制の間に「皇位」はいつか持統にとってその半身となり、他者などに渡せるはずのものではなくなっていた。

この持統の信念を以てすれば、草壁皇太子さえ他者であった。

最愛の独り子の草壁さえ他者であるならば、大津に至ってはたとえ姉の子であろうと、当代切っての逸材であろうと、否、その高貴の出自と逸材故に、一層、他者以外の何ものでもなく、早急に排除されるべき邪魔者であった。そこに些かの猶予もある筈はなかった。

大津と草壁、この両皇子の排除が天武崩御の後における持統の最大の課題だったのである。

八　大津と草壁

大津の人物

大津皇子の人間としての器量は抜群で、『懐風藻』（天平勝宝三年、七五一）は、

「状貌魁梧、器宇峻遠、幼年好学、博覧而能属文、及壮愛武、多力而能撃劔、性頗放蕩、不拘法度、降節礼士、由是人多附託、…」

「大津皇子の風貌は男らしく、堂々として器宇峻遠である。幼児から学を好み、文をよくし、壮年になるに及んでは武道にもすぐれ、劔の名手であった。性格は豪放で小事にこだわらず、よく人にへり下って、礼節があった。このため非常に人気があった…」

と述べ、絶賛する。

大津評に共通するところは人間のスケールが大きく、些事にこだわらず、美丈夫であると同時に文武の道に秀で、祖父であり伯父にも当る天智天皇からも愛されたということである。まして実父の天武天皇がどれほどこの皇子を慈《いつく》しんだかは想像に余りあるが、その死を前にしての悲しみと寂寥を詠じた辞世の詩歌は、千年の時を距てて、今もなお読むものの胸に迫って来る。

五言臨終一絶
金烏臨西舎　陽《ひ》既に西に廻り、
鼓声催短命　刻を打つ鼓声、我か短命を促す、
泉路無賓主　この夕べ家を離《さか》りて
此夕離家向　ひとり黄泉路《よみじ》を辿る

（『懐風藻』吉野試訳）

大津皇子、被死《みまか》らしめらゆる時、磐余《いはれ》の池の陂《つつみ》にして
涕《なみだ》を流して作りまし御歌一首

• ももづたふ磐余の池に鳴く鴨を今日のみ見てや雲隠《くもかく》りなむ
右藤原宮の朱鳥元年冬十月なり。

（『万葉集』巻三、四一六）

大津の死について『日本書紀』の記すところによれば、「朱鳥元年冬十月二日に大津皇子の謀反が発覚し、皇子は直ちに捕えられ、翌三日、訳語田《おさだ》で刑死した。時に年二十四。妃の山辺皇女《やまべのひめみこ》もまた髪を乱し、徒跣《はだし》で後を追い、殉死した。この有様に人は皆、涙を流した」という。

朱鳥元年十月二日（現在の暦ではおよそ一ヶ月遅れの十一月初旬から中旬に当たり、晩秋初冬の候である）といえば、九月九日天武崩御の日から一ヶ月も経っていない。崩御日を私見による七月二十二

日としても、やはり僅か二月余りである。逮捕は先帝崩後、電光石火、しかもその処刑は逮捕の翌日という迅速さである。その苛酷さには驚かされるが、その手際のよさは、むしろ見事でさえある。

草壁の人物

大津皇子については前掲のように種々、史料がのこされているのに対し、草壁皇子には殆どそれがない。それは要するに凡庸な資質の故とされているが、僅かに彼が石川郎女に贈った歌が、『万葉集』に載っている。

石川郎女をめぐるこの件は、或いは一つの挿話に過ぎないが、大津と草壁とでは要するに人間の出来が違うのである。

天武の苦慮

天武には十七人の皇子皇女があり、そのうち十人は皇子である。皇位継承の適格者はいかにも多いように見えるが、現実に現皇后所出の草壁に比肩できるのは、大津一人である。皇長子で壬申の乱の功労者、高市は惜しいことに卑母の故に、この両者に次ぐものであって、競争者ではない。

もし天武さえその気だったならば、天武二年（六七三）、天武が即位し、鸕野が皇后となったとき、当時十二歳になっていた草壁を皇太子にしてもよかったのである。

漸く天武が草壁立太子に踏切ったのは草壁二十歳、天武十年（六八一）のことであった。即ち、その二月二十五日、天皇・皇后は共に大極殿に御し、律令制定の計画を公表したが、同日、草壁を皇太子に立て、万機を摂らしめる旨が宣せられた。要するに草壁の立太子も、従来の方式を改め、新たに律令制度の着手という重大な状勢に鑑《かんが》みてのことであろう。

しかし天武は大津を引き立てずにはおられなかった。草壁立太子から二年後、「天武紀」十二年二月一日條に「大津皇子、始めて朝政を聴《きこしめ》す」とみえるのはその証拠である。

この朝政を聴くということが、どのようなことを意味するかは先学によっても明らかにされてはいない。「太政大臣」という説もあるというが、それでは徒らに草壁との間に摩擦を招くことにならないだろうか。天武の大津に寄せる信頼の精一杯の処置が、内容も審《つまび》らかにし得ないこの「朝政を聴く」という待遇かと推測されるばかりである。しかしこうした待遇も天武が大津を重視すればこそで、これは正に大津が「ナンバー2」であることの天下に対する公示として受け取られる。

草壁立太子が天武十年まで持ち越されたのは、いろいろ理由もあろうが、最大の原因は大津におけるそのズバ抜けた王者の資質である。

こうして天武はしきりに草壁立太子を迫る鸕野皇后を抑えて、十年の歳月を閲《けみ》したのであった。

吉野の盟約

しかし鸕野は着々と下地を整え、既に草壁立太子の二年前、天武八年五月、聖地吉野における有名な「六皇子の盟」を成立させている。そのイニシアチーブをとっているのは、表面的にはもちろん天武である。しかし影武者は皇后であろう。

この後、すべては皇后の計画通りに事は運び、恐らく皇后の病によって多少のズレはみたものの、この盟約の約二年後、天武十年（六八一）二月、草壁は皇太子に定められた。

しかし、天武はなお大津をあきらめ切れず、その皇親政治の中枢に別途の地位を以て彼を遇したことは前述の通りである。

九　天皇崩御と皇太子草壁

こうしてみると、一見、鸕野皇后は自分の最愛の独り子の登極への道をひらくため、夫帝をはじめ彼女を取り巻く周囲と全力を挙げて戦って来たかの如くである。

たしかに彼女は草壁立太子に向って全力をつくした。これは一点の疑いをさしはさむ余地もない事実である。

しかしその努力を以てすれば、たとえ如何なる障害があろうとも天武崩御の後、直ちに草壁による皇位継承は実現出来たはずである。

草壁立太子（六八一）以後の天武をみると、その四年後の天武十四年（六八五）九月不予（病患）、翌十五年（朱鳥元年、六八六）五月発病、六月十日、天皇の御病は草薙の劒の祟りとされ、翌日、神劒は熱田神宮に奉還され、七月十五日には、「天下の事、大小を問はず、悉く皇后及び皇太子に啓《まを》せ」と詔勅が発せられ、七月二十日には年号が「朱鳥《あかみどり》」と改元された。『紀』には「天武紀」「持統紀」にも、天武天皇は九月九日（丙午）、正殿において崩御、とみえる。（私見によれば真正の崩御は七月二十二日のはずである。）「持統紀」には九月九日崩御の記事につづき、「皇后朝に臨み、制を称す」、即ち皇后が朝政を摂《と》られることになったと記している。

皇太子草壁の動静をみると、天武崩後の六八六年九月から六八九年四月、彼自身の死に至るまで、専ら百官を率いて殯宮《もがりのみや》、御陵《みささぎ》に詣《まい》るなど、ひたすら先帝の葬祭事を務めるのみで即位の気配はない。その間、朝政を執っているのは母后である。

六八八年十一月、父帝の大内陵埋葬が終り、先帝に関わるすべてが一段落した時点で、これからという時、即ち翌年四月十三日には呆気なく急逝している。しかもその死を告げる『日本書紀』の記事は

「皇太子草壁皇子尊薨」

のたった九字である。

天武の後を継いで即位すべき皇太子の死の記録としては余りにも簡略すぎないか。また、皇親政治の中枢に在った先帝の二皇子、いうなればナンバー1とナンバー2が極めて短時日の間に相ついで亡くなっているのである。大津の場合は刑死なので、急死が当然であるが、草壁の急死は偶然ということもあろうが、これはやはり異常としかいいようがない。

十　皇位最短距離にある草壁と大津

両皇子比較表

皇子名	地位	父	母	死とその時期	死因
草壁	皇太子	天武天皇	天智皇女(弟媛)	天武崩後急逝	?
大津	皇親政治中枢	天武天皇	天智皇女(兄媛)	天武崩後急逝	刑死

両皇子ともに天皇を交え、皇女を母とし皇位継承の最有資格者である。草壁が現皇后を母とするのに対し、大津は幼くして母を失い、後楯を欠いてはいる。しかしくり返しいうように、大津の母は草壁の母の姉に当たり、存命ならば皇后にもなったろうし、大津がその場合は皇太子の可能性もあり、従って出自の点では両者は互角である。

が何といっても草壁は「皇太子」でこの点において大津より絶対的に優位である。

しかし大津には「王者としての材幹」が備わり、これが大津の強味である。

両皇子におけるそれぞれの強味は、それらに加うるに天の時、人の利さえ得れば、直ちに即位につながる原動力となるものである。換言すれば、もし適当な時期に、強力な後楯さえあれば、そのうちの一人は直ちに即位可能なのである。

草壁にとってのその好機は、父天武の崩御時であった。草壁立太子を推進した母后にとっても、それは絶好の機会だったはずである。しかも彼女の実力を以てすれば草壁の登極など、まことに易々《いい》楽々たるものだったはずである。大津皇子に手を下すより先に、草壁を即位させるべきであった。しかし彼女はこの好機を何故か見送り、あたかも草壁登極の道ならしの如き体裁の下に、電光石火のすばやさで大津を屠《ほふ》った。それは天武亡き後、大津がこの世にあることそれ自体が不安だった為ではなかろうか。それも草壁の為ではなく、自身の為にである。大津は前述のようにその出自、材幹からいって、もし好機にさえめぐまれれば、直ちに即位する可能性を秘めている。我児と並んで皇位への最短距離にある大津を、まず亡きものにすることが、鸕野皇后にとっては焦眉の急と思われたのである。くり返していう。自身の為にである。

鸕野の二目標

従って鸕野の攻撃目標は皇位に最短距離にある両皇子であった。

何故先に大津を狙ったかといえば、その理由はいくつか挙げられる。まず第一に偉材という評判の高い大津を抹殺するのは、愛児登極の安全を願ってのことという大義名分が立つことになる。それはたとえ血を分けた実の甥殺しであっても、それがより血筋の近い我が児のためといえば、それは一種の免罪符の効用をも持つ。

第二に衆望を担う大津が、万一、何かのはずみで即位してしまえば、永遠に鸕野皇后の出番はなくなる。それに較べ、草壁は我が児で、しかも既に皇太子。即位への道は約束されているようなものである。従って草壁自身も世間もそれを疑わず安心している。油断している相手に向って、今すぐ事を運ぶことはない。

第三は旧十月という「時」である。或いはこれが最も重要かと思われるが、それについては、後述する。

とにかく皇太子草壁は、そのままにしておけばその始末は簡単に自分の手中にあり、従って自分の出る幕は十分に期待出来る。

大津が皇太子に立ったなら、或いは自分の出る芽は永遠にない。既に天武在世の時点において、彼女にはこれだけの見通しがあり、それが電光石火の大津皇子の悲劇につながるものとみたいのである。

大津殺戮の原因は、一子草壁の強敵を仆《たお》す意図にあるという免罪符に欺かれて、日本史はかつて鸕野皇后を疑わず、草壁の急逝は単なる急逝とのみ受け取られて来た。

しかし二二一頁の表にみられるように、皇位継承として殆ど同じ資格を持つ二人の皇子の相前後しての急死は、何としても不自然である。二人の皇子の死の間には一脈相通ずるものがある。二つの死はその本質を同じくするもので、その背後にあるのは同一人による同一目的の殺人であろう。

十一　陰陽に対置される両皇子の死

時間にみられる対置

大津・草壁量皇子の死を関連づける重要資料には、更にその日時が挙げられる。

	歿年	歿月と支	易卦	卦名	象
大津	六八六	冬十月(亥)	䷁	坤為地(地)	極陰
草壁	六八九	夏四月(巳)	䷀	乾為天(天)	極陽

・大津は冬十月亥月
・草壁は夏四月巳月

に亡くなっている。両皇子の死は「亥」「巳」の対中軸上にある（図参照）。この大津の歿した亥月の「亥」は表にみられるように、易の消長卦では、全陰の「坤為地《こんいち》」即ち「地」に配当される。これに対し、草壁の歿月の巳月の「巳」は消長卦では、全陽の「乾為天《けんいてん》」即ち「天」に配当される。
両皇子は共に非業の死を遂げた同志と推測されるが、この易の卦象から察せられることは、大津の霊は地に留まり、草壁のそれは、天に属するということである。同じ非業の死とはいっても、そこには文字通り、天と地の差別がみられる。即ち大津の霊には救いはなく、地に呪縛されて不自由であり、草壁のそれは死を離れて天上にあり、自由である。

このような対比が両皇子の歿月にみられることは、やはり草壁の死が自然死でないことの証拠ではなかろうか。

全陰の亥月、旧十月を不吉とする考えは当時、既に一般的で『万葉』にも十月を「神無月《かんなづき》」として詠んでいる歌が数多くある。

即ち、「陽」を「天」、「神」、「明」ととれば、「陰」は「地」、「神の不在」「暗黒」を意味することになり、諸々の悪霊の跳躍する月となるわけである。

地に呪縛される大津の霊

大津と草壁における死後の霊の在処の差別を、歿した月という時間の上で見たのであるが、その差別は大津において殊に執拗に、空間的にもくり返される。

つまり大津は二上山に移葬されたといわれるが、二上山は大和平野における東方の神の山、三輪山に対し、日没方向の西の山、死者の山である。

「易」の先天易において

- 東は「陽」の火を意味する「離」
- 西は「陰」の水を意味する「坎」

で、「坎」は暗い穴である。

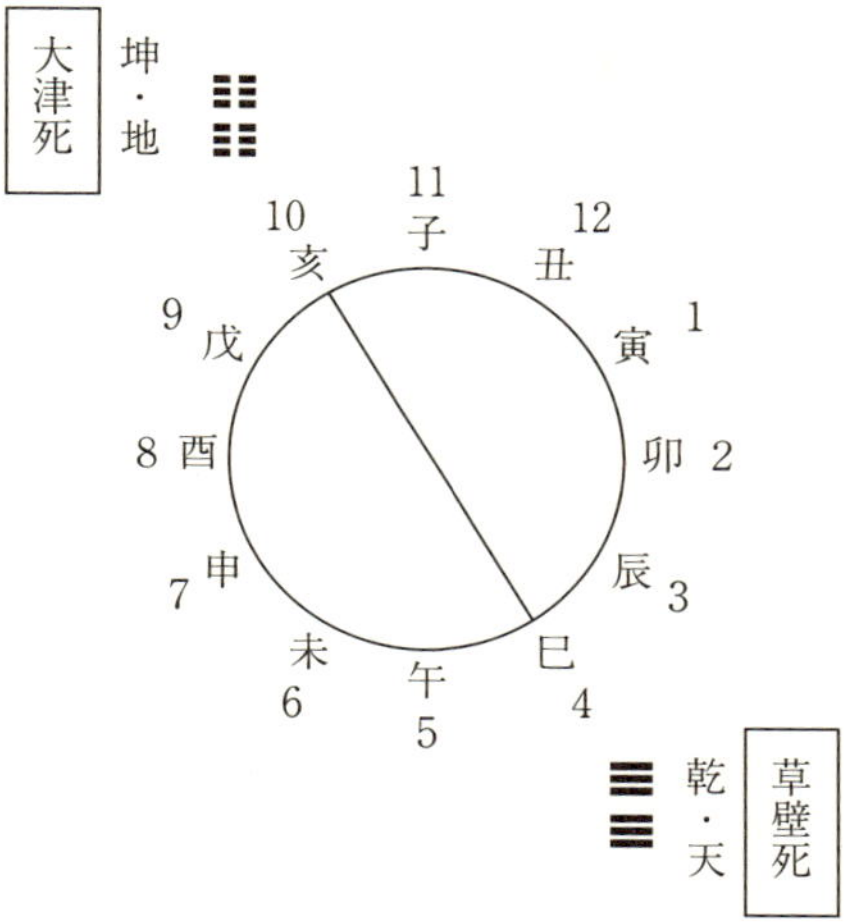

(アラビア数字は旧暦月をあらわす)

大津の死後の世界は時間的にも空間的にも

徹底的に「地」、それも暗い穴に閉じこめられた永遠の闇なのである。

なお大津の墓は二上山山頂と伝えられ、現に大津はそこに祀られている。しかし考古学的にみて山頂に古墳の形跡はなく、また、西は易の坎卦を象徴するが、その「坎」の象徴は凹だから山頂であり得ない。

従って二上山といっても恐らくその東麓（大和からみて二上山の向側の西麓は落ちた陽が東から再び上ることが期待される地点だから、西麓に葬られるはずはない。こちら側の東麓と思われる）で、しかも沼などの畔《ほと》りということになる。これらの条件をみたすものに最近、発見された鳥谷口古墳がある。この古墳は二上山雄岳の東麓、その石棺は家形、しかも奇妙なことに古い石材の寄せ集めから成り、いかにも刑死者にふさわしい粗末な出来である。

未だ確定はされていないが、二上山頂の陵墓比定地よりこちらの方が呪術的にはよほど理に適っている。

天上再生を期待される草壁の霊

その死の時、墓の方位等、陰々滅々の大津の死後の世界に対し、草壁のそれはすべてに亙ってひたすらに天上界に向って開かれ、柿本人麿もそれを次のように表現する。

日並皇子尊《ひなみしのみことのみこと》の殯宮《あらきのみや》の時、柿本朝臣人麿の作る歌一首（并に短歌）

天地《あめつち》の　初《はじめ》の時　ひさかたの　天《あま》の河原《かはら》に　八百万《やほよろづ》　千万神《ちよろづのかみ》の　神集《かみつど》ひ　集《つど》い座《いま》して　神分《はか》り
分《はか》りし時に　天照らす　日女《ひるめ》の尊《みこと》（一に云ふ、さしのぼる日女の命）　天をば　知らしめすと

葦原《あしはら》の　瑞穂《みずほ》の国を　天地の　寄り合いの極《きはみ》　知らしめす　神の命《みこと》と　天雲《あまくも》の　八重かき別きて（一に云ふ、天雲の八重雲別きて）　神下《かむくだ》し、座《いま》せまつりし　高照らす　日の皇子は　飛鳥《とぶとり》の　浄《きよみ》の宮に　神ながら　太敷《ふとし》きまして　天皇《すめろき》の　敷きます国と　天の原　石門を開き　神あがり　あがり座しぬ　（一に云ふ、神登りいましにしかば）　わご王《おほきみ》　皇子の命《みこと》の　天の下　知らしめしせば　春花の　貴《たふと》からむと　望月《もちつき》の　満《たたは》しけむと　天の下　（一に云ふ、食す国）　四方《よも》の人の　大船の　思ひ憑《たの》みて　天《あま》つ水　仰ぎて待つに　いかさまに　思ほしめせか　由縁《つれ》もなき　真弓《まゆみ》の岡に　宮柱　太敷《ふとし》き座《いま》し　御殿《みあらか》を　高知りまして　朝ごとに　御言《みこと》問はさぬ　日月の　数多《まね》くなりぬる　そこゆゑに　皇子《みこ》の宮人《みやひと》　行方《ゆくえ》知らずも　（一に云ふ、さす竹の皇子の宮人ゆくへ知らにす）（傍線引用者）

反歌二首

ひさかたの天《あめ》見るごとく仰ぎ見し皇子《みこ》の御門《みかど》の荒れまく惜しも
あかねさす日は照らせれどぬばたまの夜渡る月の隠《かく》らく惜しも

（『万葉集』巻二、一六七、一六八、一六九）

この挽歌のハイライトは傍線でみられるように歌の中央に据えられている。

「皇太子草壁、高照日の皇子は、この現世を、母后持統天皇の治められる国として、自身は高天原の岩戸を開いて、神としてふさわしく天上に上って行ってしまわれた。」

このように明るい天上世界は、この歌ばかりでなく、既述のように草壁の歿した巳月《みのつき》の全陽、乾《けん》、天、の卦の象徴するところである。

同じ死でありながら、愛児の死後は天上、その競争者の大津のそれには永遠に閉ざされた地上への呪縛、と全く反対方向の世界が考えられている。

なお、私は持統による草壁の天上界再生の悲願のこめられた陵墓が高松塚古墳ではないかと推理しているが、このような両皇子の死後の世界への差別は、愛児に対する母后のせめてもの手向けであった。従って人麿のこの歌も、「お前を憎くて殺したのではない。邪魔だから抹殺したに過ぎない。呪術の限りをつくして天上への再生をはかるから、そのようになってほしい」という持統の願いを体して作られたものと解されるのである。

十二　持統即位演出者——不比等と麻呂

皇太子草壁もまた母后の皇位への野望の犠牲者として推理して来たが、このような場合、特に彼女のような立場にあるものにとっては必ずその陰に複数の腹心が必要とされる。事を行なうのは或いは簡単でも、事後処理は絶対に単独では不可能である。大化改新になぞらえるのは、規模が違い過ぎるが、智謀と胆力の天智さえ、その成功には藤原鎌足という無二の協力者が必要であった。その計略と狡猾さ、懐《ふところ》の深さにおいては天智にまさる鎌足の援《たす》けなしにはさすがの天智もその大業を成し遂げることは出来なかったろう。

天智における鎌足、それが持統における不比等ではなかろうか。

奇しくも双方共に、親子二代に亙る関係である。更に持統の場合、不比等に並んで物部麻呂、があり、この二人が持統治世を一貫して背後にあって支えていたと思われる。

不比等と麻呂に共通する点は、両人とも天武朝においては影が薄く、持統朝では並んで出世頭となっていること、取分け、不比等に至っては彼が歴史の上に顔を見せるのは、持統三年、三十一歳の時である。

十三　草壁皇子の死——ある白昼夢

六八九年四月十三日正午前、皇太子草壁は母后から急の召《めし》を受けた。「内輪の宴を正午《ひる》催す、直ちに参れ」ということである。物部麻呂自身の指揮による迎えの輿は、その従者らの手で、島の宮正殿の前に据えられた。理由は伏せられたままの母后の急の命に、皇子の脳裡をよぎったのは、「漸く私の即位を決意された。そのための緊急、且つ内々の召か」という思いであった。我しらず心も弾み、皇子は軽く佩刀の柄《つか》を左手で抑え、右手を輿の戸にかけながら、慌しく見送りに出た妃（阿閇《べ》皇女）と、その幼子たち、十歳の氷高皇女、七歳の軽《かる》皇子らにうなずきながら目顔で合図した。「では行って来る」と。氷高皇女は、その日の平生と変らぬ父の様子と、それとは全く対照的に、表面はいんぎんに、温顔を取りつくろいながら、何故か落ちつかない目で四囲を見廻している麻呂の挙動にふと気がついたが、同時に自分と同じ思いらしい母と、何となく不安な目を見交したことを、後々まで記憶している。

皇子を載せた輿は同じ明日香の浄御原宮に着き、皇子は奥の宴席に導かれる。出迎えた母后は、日頃の寡黙にも似ず、孫達の様子、庭園の水の流れの具合、木のこと花のことなどをきき、自分も近く訪れたいなどと愛想をいう。

席は母后・草壁を中心に、不比等と麻呂がその左右に各々座を占めた。内々の密談ということで、人払いがされてはいたが、既に卓上にはところ狭しと料理を盛った皿、汁をはった碗が並べられていた。宴もやや半ばを過ぎた頃、皇子の隣の席の麻呂が、何彼といいながら言葉巧みに一つの碗をとり上げて、皇子にすすめた。その中の毒物が二十八歳の皇子の生命を瞬時に奪い、皇子は椅子から崩れ落ち、そのまま床に伏して息絶えた。用意された毒物は、鴆毒（ちんどく）のようなものではなかったろうか。古来、中国で要人の暗殺に屢々使われたものである。

宴の開始の時から多くの女官や侍者の室内への出入りは、麻呂の配下によって規制され、明るい初夏の昼下がりの宮殿内は音もなく静まり返っている。しかもそれにも増して、皇子が床に倒れ伏す音が、鈍くひびいた後のこの室内には、更に深く重い沈黙がひととき、たれこめた。その空気を払いのけるように麻呂が先ず立ち上り、ひざまずいて、皇子を抱き上げ、続いて立った大后の指図を促すように、その面をふり仰ぐ。大后はわずかに顎をしゃくり、目で皇子の佩剱を外せ、と合図する。麻呂は手早く腰帯の留金を抜き、一尺余りの皇子帯用のその佩刀を腰から解き、これを大后に捧げる。

かねての手筈通り、やがて影絵のように入って来た麻呂の手のもの達によって、皇子の遺体は重い錦の衾につつまれ、宮殿の内の何処にか運び去られた。すべては無言のうちに迅速的確に行なわれ、その様子は一陣の風がものというものをかきさらって、吹き抜けて行ったも同然であった。麻呂は一礼して、更にこの後に続く処置のために、この席から出て行った。

大后と不比等は、はじめてほっとして互いに顔を見合わせる。父の鎌足が献策はしても、かつて自ら手を下すことがなかったと同様に、不比等もまた、此度の計画をすべて立てたにもかかわらず、その実行に触れることはなく、計画の一つ一つを現実化して行ったのは、終始、麻呂であった。

大后は思う。「皇位は二つなく、一つである。草壁が継ぐはずであったそれを自分が継がしてもらうことにした。そのためには自分は彼の天命さえ奪った。その代りに、彼が常に佩びていた刀を、彼が継ぐはずであった皇位の代り、あるいは証しとしよう。その刀を通して、彼から失せた皇位は生きつづける。彼の遺児、軽皇子から、更に次の皇子へとこの刀は伝承されるべきものとする。それによって自分の皇統も、草壁のそれも畢竟、永遠に生きつづけることになる。この皇統の証しの刀、この刀を預かるものが、この皇統の証人である。いま、その証人として自分は不比等を撰ぶ」と。我が子の死を現実にこの目でみた現在《いま》、こうした思いが大后のうちに綿々とつづく。しかし彼女は言葉短く不比等に告げる。「今は亡き皇子の佩刀《みはかし》を汝にあずける。これを以て末長くわが皇子の皇統の証《しるし》とせよ」と。大后の言葉を俟つまでもなく、すべては不比等の画策通りなのである。しかし彼は只、恭しく頭を下げてこの佩刀を押し戴いたのであった。

鳥の宮の阿閇皇女の許に、夫君の訃報がもたらされたのは、長い夏の日ざしも漸くかげりはじめた申刻《さるのこく》辺りだったろうか。皇女は三人の幼子と来合わせていた同腹の姉、御名部《みなべ》皇女ともども、数名の侍女を介添《かいぞえ》に、舎人らを護衛に従え、浄御原宮に急ぐ。皇女の脳裡をよぎるのは、数刻前にみた石上麻呂の不審な目付きであった。悲しみもさることながら、「やはり来るものが来た」というかんじと、「油断だった」という後悔の念で胸がふさがる。浄御原宮の奥殿の一室は、重く帳《とばり》が下ろされて、そこだけは既に夜の気配である。皇子の枕辺に灯がゆらめいている。母后の姿がみえず、左右のものの説明では、食後急に気分が悪くなられて、医師も間にあわず、臥せられて、そのまま、ということである。……

大后は別室にいた。入って行くと待ちかねていたように手招きして軽皇子をよびよせ、しっかりと抱いた。幼い皇子の目をみつめて二言三言何かささやく。そのあと、次々に皇女らを抱き、妹の阿閇皇女に向って、くれぐれもこの子らの無事の成長を頼むといったとき、大后の悲しみと涙を阿閇皇女ははじめてみた。つづいて大后は警備上、島の宮を出て、皇居内に住むように命じ、草壁の遺族に帰ることを許さなかった。この日を限りに広大な島の宮は主を失うことになるが、万葉にはこの時、取り残された舎人らの歌が二十三首収録されていて、その寂寥をはるか後の世にまで伝えることになったのである。

皇子尊《みこのみこと》の宮の舎人《とねり》ら慟《かな》しび傷《いた》みて作る歌

• 東《ひむかし》の瀧《たぎ》の御門に伺侍《さもら》へど昨日も今日も召すことも無し

・み立たしの島の荒磯《ありそ》を今見れば生ひざりし草生ひにけるかも
・島塒《とぐら》立て飼ひし鴈《かり》の子巣立ちなば檀の岡に飛び帰り来ね
・朝曇り日の入りぬればみ立たしの島に下《お》り居て嘆きつるかも
・朝日照る島の御門におぼほしく人音《ひとおと》もせねばまうら悲しも

一区ぎり、仕事の終ったところでしばらくぼんやりと机に向っていると、草壁皇子の最後は、たとえばこんなことではなかったろうかという思いがしきりに湧いてくる。これはそれを書きとめておいたものに過ぎず、いわば私の一つの白昼夢である。要するに、持統天皇にとって天皇の大権は終身手放すことが出来ない大望であって、その為には我が子の抹殺さえ意に介さなかった。次表は鮮明にその彼女の本性をもの語る。

天皇名	政治との関わり方	身位名称
天　武	夫帝と共治	皇后
持　統	自身の親政	天皇
文　武	孫天皇と共治	太上天皇

十四　持統天皇即位式と中臣寿詞

こうして持統天皇のあくことを知らない政権欲は、不比等・石上麻呂の協力を得て、登極という陽の目を見ることになった。

残るところは、当時の思想に従えば女主に必然的につきまとう徳の不足をいかにして補うか、である。

それには、斉明天皇以来の水の重視が最も有効と思われたが、白鳳期諸皇の皇祖母・斉明天皇と持統天皇ではその立場が違う。天の中宮、並びに玄武宿の造型など、さしもの持統にも遠慮されなければならない呪術であった。ここに於いて恐らく知恵者、不比等によって考え出された方策が「天の水と地の水を併せること」であった、この方法の実践によってこそ、水の根源的な力を引き出し、女主の徳の不足を補うことが可能と考えられたのであった。そうして、その秘術・秘法の内容を示すものが「天神寿詞」なのであった。

鸕野皇后は草壁の死の八ヶ月後、六九〇年に即位するが、『日本書紀』はその盛儀を次のように記す。

「(持統) 四年春正月の戊寅の朔《ついたち》。物部麿朝臣、大盾《おほたて》を樹《た》つ。神祇伯中臣大嶋朝臣、天神の寿《よ》詞《ごと》を読む。おはつて忌部宿弥色夫知《しこふち》、神　璽《かみのしるしたる》剱鏡を皇后に奉《たてまつ》る。皇后、天皇の位に即《つ》く。」

持統天皇の即位式に第一に記されているのは物部麻呂で、彼は持統の側近に侍し、即位式の警備と威儀のためにその大楯を立てたのである。

中臣氏は天神の寿詞を奏し、忌部《いんべ》氏は神器の剱・鏡を奉って、ここに皇后は天皇となられた。

この後、女帝が不比等に許したものは、その娘、宮子の入内であった。

宮子は女帝の孫、文武天皇の夫人となり、後の聖武天皇、首皇子を生むが、それ以後、不比等の策は更に娘、光明子を聖武天皇の皇后に冊立することに成功、皇室の外戚として比類のない権勢を振るうに至ることは今更ここに述べるまでもない。

第四章　第四十一代　持統天皇即位以降

持統女帝の「水」の取り込み方、採取法には次の三方法があった。それは、

・天神寿詞
・藤原京遷都
・吉野行幸

である。

まず「天神寿詞」は、その存在は知られながら、公には決して開示されることなく、摂関家の筐底ふかく秘められて他見をはばかり、禁じられていた。

その理由は恐らく、不比等によって採用された寿詞中の呪術が持統天皇の為と同時に、「蔭の皇室」としての藤原氏の発展を期待し、且つその予測を余りにも明らかに示すものだったからではなかろうか。

藤原京遷都も、表面的にはさして判らないような蔵風得水の風水呪術によることであり、度重なる吉野行幸も、吉野山の首峯、青根峯に関わるこれもかなり難解な呪法の応用である。

そこには吉野山開祖といわれる同時代者、役行者などとの関係も推測され、この女帝によって醸し出される雰囲気は常にその政権維持への熱意に溢れている。

また「土剋水」の法則によって、土気は水気を剋するものである。

「土徳の君」として自身を位置づけていたに相違ない持統女帝によって、晩年になるに従って、この点はもっとも気がかりなことだったろう。死欲といって、人は死が近づくにつれ、現世へのこだわりが増す。

皇位こそ彼女にとって、その欲の最たるものであった。

柿本人麿を彼女は重用した。人麿の「人」も、その「歌」も、五行ではすべて土気に還元される。同気のものは扶けとなる、という法則により、持統女帝は側近として彼を重用した。しかし次第に彼に満杯の土気が、「水」を冒すことを畏れて、彼を遠ざけるに至ったのではなかろうか。

持統女帝にみられる非情さが人麿に悲劇的な死をもたらしたかと思われる。幻想かも判らないが、「水」ひいては皇位に対する女帝の執念を考え合わすとき、私の頭を折々にこのような思いが過ぎて行く。

一　『天神寿詞』

持統天皇の即位は、皇太子草壁の死の八ヶ月後、六九〇年正月一日に執り行なわれた。その盛儀は先に挙げた『日本書紀』にみられる通りである。

物部麻呂は即位式の警備と威厳のためにその大盾を立て、中臣氏は天神の寿詞を奏し、忌部氏は神器の剣・鏡を奉って、ここに皇后は天皇になられたわけで、持統朝における天皇即位礼の不可欠の条件は次の三点、すなわち、

①物部氏による大盾の奉立
②中臣氏による天神寿詞の奏上
③忌部氏による剣・鏡の奉呈

である。ここに注目されるのは「天神寿詞の奏上」であって、これは③の忌部氏による神器、すなわち「剣・鏡の奉呈」もさることながら、中臣氏による、この「天神寿詞の奏上」こそ、天皇即位の中枢を占める祭祀、と考えられるのである。

この『天神寿詞』は、『神祇令』に、

「凡そ、践祚の日には、中臣、天神の寿詞奏せよ、忌部、神璽の鏡剣を上れ」

と見え、『令義解』には、『天神寿詞』について、

「謂ふ、神代の古事を以て、万寿の宝詞とするなり」

と説明されている。

このように重大な神詞でありながら、この『天神寿詞』そのものの記載は、『延喜祝詞式』をはじめ、『儀式』等の儀式書や法則書には見られない。

要するに、『天神寿詞』最大の謎は、その存在が明確に『神祇令』『令義解』に記され、その重要性についても判然と述べられているにもかかわらず、肝心な『天神寿詞』そのものは、公開を前提とする法則書や儀式に記載されていない、という点にある。

つまり、そのなかにはきわめて高度の呪術性が秘められていて、その呪術が他見をひどく嫌い、その結果、公開が憚られて来た、と解するほかはない。

それでは門外不出ともいうべきその呪術とは果たして何なのか。その謎を解き、その謎の背後によこたわる古代の闇の本質の探究こそ、後代の私どもに課された仕事であり、義務ではなかろうか。

二　中臣寿詞（天神寿詞）

「現《あき》つ御神《みかみ》と大八《おほや》島国知ろしめす大倭根子天皇《おほやまとねこすめらみこと》が御前《みまえ》に、天《あま》つ神の寿詞《よごと》を称辞定《たたへごとさだ》めまつら

く」

と申す。

「高天《たかま》の原に神留《かむづま》ります、皇親神《すめむつかむ》ろき・神ろみの命をもちて、八百万《やほよろず》の神等《かみたち》を神集《かむつど》へたまひて、『皇孫《すめみま》の尊は、高天の原に事始めて、豊葦原の瑞穂《みづほ》の国を安国と平らけく知ろしめして、天つ日《ひ》嗣《つぎ》の天つ高御座《たかみくら》に御座《おほま》しまして、天つ御膳《みけ》の長御膳の遠御膳と、千秋の五百秋《いほあき》に、瑞穂を平らけく安けらく、斎庭《ゆには》に知ろしめせ』と事依《ことよ》さしまつりて、天降《あまくだ》しまし後に、中臣《なかとみ》の遠《とほ》つ祖《おや》天のこやねの命、皇御孫《すめみま》の尊の御前《みまへ》に仕へまつりて、天のおし雲ねの命を天の二上《ふたかみ》に上《のぼ》せまつりて、神ろき・神ろみの命の前《みまへ》に受けたまはり申ししに、『皇御孫の尊の御膳《みけ》つ水は、顕《うつ》し国の水に天つ水を加えて奉《たてまつ》らむと申せ』と事教《ことの》たまひしによりて、天のおし雲ねの神、天の浮雲に乗りて、天の二上に上《のぼ》りまして、神ろき・神ろみの命の前《みまへ》に申せば、天の玉櫛《たまぐし》を事依《ことよ》さしまつりて、『この玉櫛を刺し立てて、夕日より朝日の照るに至るまで、天つ詔《のり》との太詔《ふとのり》と言《ごと》をもちて告《の》れ。かく告らば、まちは弱韮《わかひる》にゆつ五百篁生ひ出でむ。その下《しも》より天の八《や》井《い》出でむ。こを持ちて天つ水と聞しめせ』と事依さしまつりき。（以下略）」

三　『天神寿詞』の推理

『天神寿詞』は、前段と後段の二つに分けることが出来る。

前段は豊葦原の瑞穂国統治の責任を、天孫に委ねた高天原の神々が、中臣氏の遠祖、天児屋根命、天忍雲根命に対して、補佐役としての彼らが行なうべきその呪術の要諦の指示である。

その要諦の第一は、天孫の供御の水には、現《うつ》し国の水が加えられなければならないということ。その第二は、天つ水を得る手段方法である。

すなわち、天神の与える玉櫛を、占庭に挿し立てて祝詞を唱えれば、韮と竹叢が生い出て、その下から天の八井が湧くから、この天つ水を以て天孫の供御の水とせよ、というのである。

後段は、天地のなかを執り持ち仕える大中臣氏が、称《たた》え寿《ことほ》ぐ天孫即位大嘗祭斎行の細目である。

前段後段両者の重要度の優劣はつけ難いが、秘事としてこれを較べれば、前段の神示が格段に重い。つまり、天孫供御の水は、天地の水たるべきこと、という神意が、もっとも重要課題なのであった。就中、天津水採取法は秘事としてとりわけ強く意識されていたと思われる。

この秘中の秘の天津水の採取法を含むために、『天神寿詞』は大中臣宗家と摂関家のほかには一切、他見を許さず、両家の殿中奥深く、秘匿されて来たのであった。

それにしても占庭における「韮と竹叢」から湧く井戸の水が、「天津水」である、というのは、如何にも難問である。

従来、『天神寿詞』は多くの研究者によって取り上げられて来たが、最重要の秘儀としてのこの「韮と竹叢」については諸家によって言及されず、この点はまことに素っ気なく素通りされてしまっている。しかしそれでは奥深く広大な古代世界に触れることはまず不可能である。

そこで、「まち」「韮」「竹叢」の三者は、この難問における重要な要素と思われるので、以下、推理したい。

（一）まち（麻知）

「まち（麻知）は占いで示される神聖な場所。一説に、占いで、甲や骨につけておく形。」（『広辞苑』）

と説明されている。

『天神寿詞』に、

「かく告《の》らば、まちは弱韮にゆつ五百篁生ひ出でむ。…」

と述べられているこの「まち」は正にこの解説にみられるように、占いにおける神聖な場所、の意であるが、その本来の意味は、占いで甲や骨につけておく形、ということであろう。

それを裏書するように『対馬《つしま》亀卜談《きぼくだん》』（横山孫次郎編、昭和三年（一九二八）刊）には要約、次のように「占」について記されている。

「神代紀等の太占《ふとまに》、大兆《ふとまに》とは、太、大は美称。占《まに》、兆《まに》は占《うら》の意であるが、その占とは表裏という時の裏に基づく語で、元来は表に顕われず幽《かく》れている神意を問い求める術、「ウラワザ」というべきものを「うら」といってしまっているのである。」

『大漢和辞典』も「うら」を「うらかた」と註し、「亀甲を灼《や》いてあらわれた裂目」と説き、『説文』の、「亀兆の縦横の裂目を象るなり」を引用して、その由来を説明している。

そこで麻知であるが、「麻知」とは前述のように「占庭」と解され、その本来の意味は、「亀甲を灼いたときにあらわれる縦横の裂目、それによって神意が占われる形」とされている。

日本人の特質の一つは神霊化を好むことである。

「麻知」は占、およびそれが行なわれる場所を意味するといわれるが、神霊化を好む彼らは、「占」そのものにも、「占」が行なわれる場所にも、その双方にとって神は絶対に必要とされた。

その神は櫛真知命、つまり麻知の神であるが、それは託宣する神とはおそらく別である。

彼らにとって「占い」を行なうには、「占」の神も、その「場所」の神も必要なのであった。

櫛真知命の「櫛」は霊妙を意味する「奇《くし》」、真知は「兆」。つまりこの神は奇兆神《くしまち》で、「占」および、その「神聖な場所」の主宰神である。この神に深く関係すると思われる古社が天香久山神社と天岩戸神社である。

1　天香久山（あまのかぐやま）神社　　橿原市南浦町

天香久山北麓にご鎮座。『延喜式』神名帳十市郡の「天香山坐櫛真命《あまのかぐやまにますくしまのみこと》神社」に比定されている式内社で、その由緒は次の通り。

「山城国京中坐神で、占庭の神であった久慈真智命《くしまちのみこと》神社（京都市左京区二条付近か）の本社にあたり、卜事をつかさどった神である。「日本書紀」神武天皇即位前紀戊午年九月五日条に、天皇が天神のおしえに従い、天香山の社の中の土をとって天平瓮・厳瓮をつくったとあるが、これも当社のこととされる。神名クシマチのマチは「中臣寿詞」に「かく告《の》らば、まちは弱韮にゆつ五百篁生ひ出でむ」とあるように、卜事の現れる意の古語「兆《まち》」と同意とされ（大和志科）、古来、占兆に関係の深い天香久山に鎮座する占庭神であった。「大和志科」などはこれを香久山頂に鎮座したものとみる。」（『日本歴史大系三〇』「奈良県の地名」平凡社刊）

2　天岩戸神社　橿原市南浦町字岩戸東

天香山南麓ご鎮座、祭神は天照大神である。その由緒は以下のように記されている。

「神代に天照大神が幽居した天岩窟と伝える岩穴を拝する形をとり、神殿はない。…玉垣内には真竹が自生するが、これを往古より七本竹と称し、毎年七本ずつ生え変ると伝える。「西国名所図会」に、

右岩戸より半町ばかり南田圃の中に笹一むら生茂り、周りに竹垣をめぐらせり。これを天の湯笹といふ。

いにしへの神楽の湯にこの笹を用ひしとぞ。その古例によりて伊勢の祭礼のせつ、この笹を取りに来ること毎年かくることなかりしが、後年この笹の根をわけて国に持かへりて、かしこにうえしより、今はこの事たへてなしと土人ものがたれり。故あることなるべし。とみえ、天岩戸神社にまつわる伝承が残る。」（前掲書に同じ）

この一文の目的は「マチ」という今は消え去った言葉の意味と、その背後に潜む神の姿とのこの二者の探索である。以上は天香久山山麓、という特殊なその位置、その祭神、古伝承、印象、に併せて、対馬の亀卜に関わる古書の引用、等による推理であるが、これはこの後につづく、「韮」、「竹」の後に再度、考究したいと思う。

（二）韮

1　五行に配当される韮

「のびる…ヒルはネギ、ニンニクの総称で、その語源はかめばヒリヒリと口を刺激するからである。野びるとは野に生えるヒルの意。全国の山野、または堤の上などに生える多年生草本であるが甚だ強い上に球が割れて猛烈に繁殖する雑草でもある。草全体ニラの匂いがする。…」（『牧野新日本植物図鑑』北隆館刊）

「にら［韮］ユリ科の多年草。原産はアジア大陸とされ、中国から渡来、わが国各地で栽培される。葉は扁平・細長・肉質で柔かく、長さ約三〇センチ、強い臭気がある。…」（『広辞苑』岩波書店刊）

「ごくん［五葷］五辛と同じ。辛のある五種の蔬菜。仏家のニンニク・ラッキョウ・ネギ・ヒル・ニラ。道家のニラ・オオニラ・ニンニク・アブラナ・コエンドロ。…」（同右）

以上を総合すると、「韮」とは、「五辛」の筆頭であって、正に植物における五行分類では「辛」の代表ということになる。

これは味覚にもとづく「五味」から「韮」が「辛」、すなわち「金気」に組み込まれている様相であるが、「韮」が、「金気」ということについては、さらに注目される文献がある。

2 『酉陽雑俎』にみる韮

「山上有葱、下有銀。山上有薤、下有金。山上有薑、下有銅錫。山有宝玉、木旁枝皆下垂。

山の上に葱《そう》があれば、下に銀がある。山の上に薤（韮と同字）があれば、下に金がある。山の上に薑《きょう》があれば、下に銅、錫がある。山に宝玉があれば、木の旁枝は、みな、下に垂れている。」

（『酉陽雑俎』巻十六、東洋文庫三九七、平凡社刊、傍線引用者）

『酉陽雑俎』は、段成式（唐・咸通四年、八六三年歿）の撰。正続三十巻。その内容は各地古伝承、鬼神妖怪伝、動植物誌の集大成、古今の大博物誌として知られる。段成式は九世紀の人、当然、『酉陽雑俎』は、天神寿詞撰上時には、この世の何処にも存在していなかった。

しかし、今村与志雄氏は、『酉陽雑俎』の訳註において、要約、次のように述べている。

「…『地鏡図』（梁代・六世紀前半）に、「山に葱あれば、下に銀あり、草の茎が赤くのびているとき、下に鉛があり、葉の茎が黄色にのびているとき、下に銅器がある。」と見えるが、楊文衡が、酉陽雑俎を、これら先行理論の基礎的な整理と統括であるとし、その記載は必ずしも完全には実際と符合しないが、その指示植物を利用して鉱物をさがす方法は正しい、と評価している。」

ジョセフ・ニーダムもその著『中国の科学と文明6　地の科学』（海野一隆他訳、思索社、平成三年〔一九九一〕刊）のなかで、この『酉陽雑俎』中の一連の記述、すなわち「山上有葱、下有銀」を引用し、その内容を高く評価している。ニーダムの見解を要約すれば、「土壌中の金属が、植物の外形に影響を及ぼすことは現代の知識によって確証されているが、驚くべきことには、それが梁代の『地鏡図』に既に記されているのである。このような知識がどれほどさかのぼられるかは判らないが、おそらく漢代から隋代まで着実に増えて行ったと思われる」というのである。

隋に先行する梁王朝の文化は夙く日本に招来され、それは白鳳期には完全に近く消化されていた。

その好例は一九九四年出土の藤原京木簡であった、そこには梁の王族、蕭吉撰『五行大義』のもっとも難解な箇所の応用まで見られるのである。それならば、『地鏡図』も識者の間では知られていたに相違なく、「韮と金属」すなわち「韮＝辛」の関係も、あるいは知悉の理論であったろう。

㈢ 竹

「イネ科の多年草常緑大木の総科。独立してタケ科ともする。地下、地上茎に分けられる。地上茎は直立叢生。多くは中空で、節部から枝を互生、地下茎は節部から根、および筍を生ずる。アジア、アフリカ、南北アメリカ産…」

竹の園

「皇族の異称。前漢の文帝の皇子、梁の孝王の東苑を竹園と名づけた故事による。」（前掲同書）

竹植日

「旧五月十三日の称。竹を植えるのに最もよい日、つまり、この日に竹を植えればよく繁茂するという。中国ではなお別にこの日を竹酔日、竹迷日、竜生日、等と呼ぶ。日本の俳句にもこの日は「降らずとも竹植うる日は蓑と笠」とよまれている。」（『俳諧一葉集』）

『竹譜』

「篁篠之属、必生高燥。」

「邛州霊境、産修篁九節材応表九陽。」

『群芳譜』

「篁竹、堅而促節、体円而質堅…大者宜作船、細者為笛。」

1 竹の把握

以上が竹に関する文献であるが、竹は植物学の分類ではイネ科の多年生常緑木本の総称で、地上茎、地下茎より成り、地上茎は空洞、各節から枝を互生し、地下茎は節から、根、筍を生じ、アジア、アフリカ、南北アメリカを産地とする植物とされる。

中国の古文献もまた「竹は材質として丸く堅く、大きなものは造船に適し、細いものは笛とする」と述べて、竹を生態的に捉え、またその実用の面にも及んでいる。

しかし注目されるのは、竹におけるその呪術的把握で、これはまったく中国独自である。

推理（二）

竹酔日

旧五月十三日に竹を植えれば竹がよく繁茂する、というのは中国の俗説で、この日には、他に竹植日、竹酔日、竹迷日、竜生日、等、数多くの呼称がある。

竹は水がなければ育たない。とすれば、この五月十三日という日は、水に縁のある日のはずで、先に掲げた俳句「降らずとも竹植うる日は蓑と笠」にあるように、竹を植える日は、たとえ雨が降っていなくても蓑と笠を着けるべし、というのである。

その意味は、今、降っていなくてもこの日は後に必ず降る、というのか、呪術的に雨が降るはずの日だから、その呪術に即して、雨具の支度をすべし（雨の有無にかかわらず）ということか、判然としないが、俳諧師は、この日取りの呪術的意味を知悉していたと思われる。

旧五月十三日という日取りと、竹植日の関係。それは正面からただ眺めている限り、絶対に解き得ない謎である。

五月十三日とは何を意味する日取りか、そしてそれが、竹によいとされるのは何故か、この二点の推理が必要となる。

旧五月は午月《うまのつき》。十二支の「午」は、十干では「丙」に当たる。

「十三」という数は五行の「金」の数である。即ち、金の生数と成数は次表の通り。

生数　四
成数　九　→　十三

そこでこの五月十三日の十三は、金気の生数、四、と、成数、九、の和、十三と考えられる。

五行で金気の正位は、十二支では「酉」、十干では「辛」である。

旧五月十三日は、十干に書き改めれば、
・丙月　辛日
「丙辛」ということになる。「丙辛」は干合して次表の如く、化して「水」となる。

〔干合表〕

甲	己	……土
乙	庚	……金
丙	辛	……水
丁	壬	……木
戊	癸	……火

旧五月十三日は、要するに十干に還元すれば「丙辛」の組合せとなり、この組合せは、法則によって、「干合」し、その結果、「水」となる。

「天干地支」というように、
十干は　「天」

十二支は　「地」

である。

したがって、丙辛の干合によって生ずる水は、さしずめ、

「天の水」

なのである。

(四)「天の水」採取法

『天神寿詞』中の最重要課題は、

「天孫供御《すめみまくご》の水には、現《うつ》し国の水を合わせ加えて奉れ」

という神託、および、

「神聖な占庭に神与のくしを挿し立てて、祝詞を告《の》れば、そこに韮と竹叢が生ずる。その下から真清水が湧く。その水を奉れ」

という天の水採取法の神示である。

前述の推理の結果、

・韮は「金気」…辛

・竹は「火気」　…丙

という結論に達した。

そこで竹植日にまつわる古代中国の俗信、およびそれが日本にも伝えられて来ている実情から推して、そこに、

・丙辛の干合、と、

・それによる天の水の顕現、

をみたわけである。

この場合の「韮」「竹」は、疑いもなく重要呪物であるが、表面それらはいずれも深遠広大な呪術のなかの個々の断片に過ぎない。

しかし断片に過ぎないそれらに、推理の光を当てて、闇を取り除いて行くとき、この場合の神託、神示の実相は自らその姿を顕わして来る。古代探索の宝物としての断片の前を素通りしてはならないのである。

『天神寿詞』中にみられる「まち」「韮」「竹」の三者を統合すると、この『天神寿詞』奏上の究極の意図は、即位礼という天皇一世一代の晴れの儀式における天皇の食事、すなわち「供御」に不可欠の「天津水」採取方法の示唆にあることが推測される。これは重大な秘儀であって、その内容は繰り返せば、

1　場所としての「まち」

2　呪物としての「韮」「竹」

であって、この二点、あるいは三者は、必ず筆録されねばならぬ重要事物であると同時に、その公開が憚られる秘密事項なのであった。その結果、寿詞そのものさえが固く秘し隠されるに至ったと思われる。

四　持統天皇即位の呪術

問題をここまで絞って来ると、この「まち」こそ、持統天皇の即位の場所と考えられ、そうなるとこの寿詞はその面からも重要である。

というのは、冒頭に記したように持統天皇の即位の状況は正史に判然と記されながら、その場所についての記事は何処にも見当たらないからである。

（一）即位をめぐる謎

持統天皇の首都は藤原京であるが、その即位は持統四年、遷都の前である。普通ならば先帝にして夫帝である天武天皇の明日香浄御原宮で行なわれるはずが、何故かそのことについての記録はない。

私見によれば、持統の登極は、母后の手による皇太子草壁の抹殺を俟って、はじめてその実現をみた異例事であった。この経緯の推理は、既刊『持統天皇』をご参照いただきたいが、さすが気丈な女帝も、我児抹殺の現場、浄御原宮における即位式だけは絶対に挙げることは出来なかったのである。

（二）天岩戸神社と天香久山神社

前述のように、天香久山の麓には、
南に、天岩戸神社、
北に、天香久山神社、
が奉斎されている。

天岩戸神社の祭神は天照大神。その由緒は以下のように記されている。

「神代に天照大神が幽居した天岩窟と伝える岩穴を拝する形をとり、神殿はない。…玉垣内には真竹が自生するが、これを往古より七本竹と称し、毎年、七本ずつ生え変わると伝える。…」
（『日本歴史地名大系三九』平凡社刊）

一方の天香久山について『大和志』は次のように記している。

「天香山坐櫛真命神社。香具山の北麓に在《いま》し、南浦村に属す。仍《よ》って北浦神と称す。石の華表《とりい》の扁額に天香山命と曰う。」

つまり現在、天香久山神社と称されている北麓の古社の祭神は、櫛真命《くしまのみこと》（櫛真知命のこと）であるといっている。

そして注目すべきは、同じく『大和志』の次の記述である。

「香具山の離宮。香具山北麓天櫛真命の神社の傍に湧泉あり。行宮の泉と名づく。持統天皇の離宮の地、即ち此なり。」

『大和志科』はこの記事に基づいてさらに次のように述べている。

「香具山離宮。持統帝の離宮なり。『大和志』に、在天香山社傍、有湧泉。称行宮泉。と見ゆ。今、天香山社と称する社頭の西北に芝生あり。眺望、極めて佳なり。土人伝えて宮趾となせり。」

そこでこれら資料を総合すると、

「持統天皇には、香具山離宮があった。それは天香具（久）山の北麓、櫛真知命を祭神とする天香久山神社である。境内西北の芝生は眺めの極めてよい場所で、傍らには「行宮の泉」といわれる泉も湧く。土地の口碑では、ここぞ持統帝行宮の趾ということである。」

ということになろうか。

『大和志』は並河誠編著、享保二十一年（一七三六）刊、『大和志科』は斎藤美澄著、明治二十七年（一八九四）刊、で、比較的新しい資料ゆえに、これらの書の内容については、その信憑性を欠くという見方もある。もちろんそのすべてをそのまま信ずることは到底出来ないが、もしその内容の信頼性を裏書するに足る条件がいくつか揃っている場合、それらは決して軽視されるべきではないのである。

（三）　持統天皇香具山離宮存在の可能性

①持統天皇即位は六九〇年、藤原京遷都以前である。当然、その即位式は先帝以来の明日香浄御原宮のはずであるが、その形跡は正史に見えない。前述のように、私見によれば、持統帝は自分の手で皇太子草壁を抹殺した。その現場はおそらく浄御原宮と推測される。それならば即位式はもちろん、それ以前にも彼女は早々と浄御原を引き払い、離宮を設け、そこで政務を執ったとしてもふしぎではない。

②持統帝離宮趾は、口碑によれば、天香久山神社といわれている。

③日本神話筆録は天武帝に始まる。そのなかで皇祖としてもっとも尊崇された天照大神は、天香

久山と密接なかかわりを持つ。「天降《あも》りつく」の枕詞から推測されるように、この山はそのまま地上における高天原であって、その神託もその重要なものは、この山の占庭に降されるのが自然である。

④事実、その神託の降される占庭の神、奇兆神《くしまち》は天香久山神社の祭神である。

⑤持統天皇離宮所在地の口碑をもつこの神社には湧泉の伝承もある。また程近くには七本竹の伝説もみられる。

奇兆神＝泉＝竹、の要素は、『天神寿詞』中の中核をなし、この神庭が持統天皇の離宮であり、ひいては即位式斎行の現場であったとしてもふしぎではない。

⑥もちろん藤原京建設はきわめて短期間に完成された想像を絶する大事業であった。明日香京からこの現場までは四キロ半である。仮に明日香浄御原に居住されていたとしても、何事も自身の目で見、その終始を見届けなければ気のすまない性格の女帝にしてみれば、現場から至近距離にある不比等の館に多くの時間を過ごしたであろうことは当然、考えられる。

⑦当代きっての実力者となっていた不比等の居館は広大で、おそらくそこは首都建設センターでもあったろう。

離宮の有無にかかわらず、女帝の不比等邸の「居続け」は頻繁で、天皇の在る所、即、都とすれば、人々にそのような印象を深く与え、ついに持統女帝の新京はその名で呼ばれるに至った。

⑧しかし、天皇の執務政庁と、即位儀式の行なわれる宮居とは、その意義をまったく異にする。天皇即位の聖なる場所は、小なりといえども「宮」と呼び得る処でなければならず、臣下の

「邸」などであってはならない。地上における高天原と意識された天香久山の麓に営まれたという離宮を措いて他に、より適応《ふさわ》しい処はない。

以上の理由から、天香久山神社に残った口碑、および湧泉は、限りなく貴重な証拠と私には思われる。

五　「天の水」と「地の水」

持統天皇の藤原京遷都は、四年（六九〇）正月の即位式の四年後、八年（六九四）十二月六日である。

即位式で顕著であった「水」への意識は、新京遷都においてもふたたび顔を出す。

おそらく持統天皇の即位式と新京遷都の両度にわたってみられる「水」の本質は、いずれも天皇命の扶翼、ならびに国土安穏の呪術を担うもので、その点において両者間に差異はないはずであるが、その採取法、あるいは獲得法においては違いがみられる。

つまり、即位式における水は、植物に基づく「天の水」であったのに対し、新京で求められたのは、その地勢に基づく「地の水」だったがために、両者間には、必然的に違いが出てくるのである。

しかしふしぎなことにこの新都の場合の「水」は表立って出て来るわけではなく、読人不知の形で、「藤原の宮の御井の歌」として、『万葉集』巻一、に収録されているに過ぎない。

（一）藤原の宮の御井の歌

読人不知

やすみしし　わご大王《おほきみ》　高照らす　日の皇子　荒栲《あらたへ》の
藤井が原に　大御門《おほみかど》はじめ給ひて　埴安《はにやす》の堤《つつみ》の上に　あり立たし
見《め》し給へば　大和の青香具山は　日の経《たて》の大御門に　春山と
繁《しみ》さびたてり　畝尾《うねび》のこの瑞山《みづやま》は　日の緯《よこ》の大御門に　瑞山と
山さびいます　耳成《みみなし》の　青菅山《あをすがやま》は　背面《そとも》の　大御門に　宜《よろ》しなべ
神さび立てり　名くはし　吉野の山は　影面《かげとも》の大御門ゆ　雲居にそ
遠くありける　高知るや　天の御蔭《みかげ》　天知るや　日の御蔭の
水こそば　常《とこしへ》にあらめ　御井の清水

（『万葉集』巻一、五二）

その大意は「持統女帝が都を藤原に移し、国見されると、この地は東に天香久山、西に畝尾、北に耳成山があって、三山に囲まれ、南には遠く吉野の山が望まれる。（したがって）この皇居にはたえることなく真清水が湧くことだろう」というのである。ここではまず藤原京をめぐる大和三山が一つ残らず詠《うた》われ、次に皇居、終りに水がよまれている。その水は前後の脈絡もなく唐突に、しかも当然のように詠い込まれている。

水は山に源をもつものであるから、この両者は元来、深い関係にある。しかしこの場合、大和三山は互いに孤立していて水源となるような山ではない。

しかもなお、この三山に南の吉野山を加えて水の源のような詠い方がなされているのは、この三山が「風水呪術」を負っているからではなかろうか。

（二）大和讃歌と大和三山

いうまでもなく人は天地間に生きるが、その影響をより多くうけるのは大地からで、地は母の徳を持つ。人はこの母なる地の生気をうけて吉。

地勢の起伏、すなわち山は竜に見立てられ、その竜から流れ出る水（血液にたとえられる）は生命の源であるから、この地の生気、水を得るのが吉である。

・大和は国のまほろば　たたなはる青垣山　こもれる大和しうるはし

の大和讃歌も青垣山を龍蛇に見立ててのことであろう。

そこで私見によれば大和三山も龍蛇によそえられていて、それはその名からも察せられる。つまり天香久山は天ノカカ山（蛇の古名は私はカカと推測し、天香久山への変化も拙著『蛇』で推理している）であり、耳成山は「耳無し」である。蛇の特徴の一は耳のないこと。画かれる龍には耳があるが、「ツンボ」は「聾」、龍の耳と書く以上、蛇の神霊化としての龍は本来、耳は無いはずである。したがって耳成は蛇山である。畝尾は文字通り、長く尾を曳く蛇山の意と受け取られる。藤原京は龍蛇に取り囲まれている聖地なのである。平地に都をひらく場合、水源となるほどの高い山は容易に近くに求められない。しかし低い山でもそれを敢えて龍蛇に見立てさえすれば、そこからは地の生気としての水が呪術的に恵まれる。したがって大和三山と水は深い関わりがあって、御井の歌もそこから自然に生まれてくることになる。

山は龍になぞらえられ、その龍が穴を結ぶ処が風を抑え水を得る吉地とされた。朝鮮では殊に風水が重んぜられ、王城の地はすべてこの理に適う地が撰ばれた。前述の「大和は国のまほろば」の歌も、龍としての青垣山に囲まれた地勢の讃歌で、大和が新羅の古都、慶州に相似なのも当然で、持統はその聖地大和のなかでも、神山としての三山に囲まれた藤原をその首都としたのである。

六　風水呪術

持統天皇の即位式と、藤原京遷都、この二つは日本史上でも稀にみる存在感をもつ女帝にとっても生涯の大事件で、けっして生易しいものではなかった。

とりわけ、後者の場合、君主としてその首都の水対策は現実の重要課題で、その治世の功を左右するものでさえあった。

即位に際して重視された「天の水」に対し、ここで重要なものはどちらかといえば、「地の水」である。そこで「地勢」というものにその法則の根拠を求める「風水の術」が採られたのであるが、それを表立たせることなく、暗喩のなかに、その理を唱いつくし、解明しつくそうという意図がこめられたもの、それが「藤原の宮の御井の歌」と推測される。

それは即位式における「干合」による「天の水」採取術とはまったく別のもので、この二種の呪術が、巧みに時と処によって使い分けている状況がここによみとられるのである。

（二）吉野の水

ただ、ここにふしぎなのはこの御井の歌の終りに、都の南岳として知られる吉野山がまったく突然に出てくることである。

風水呪術による「地の水」の取得、そのために首都を取り巻く大和三山を取り上げて来た揚句、遠く遥かな吉野山を出して来るのは何故か。

前章、『天神寿詞』の重要テーマを「天の水採取法」であるとしたが、それも偏えにその究極目標は、天と地の水の融合が、天皇命の扶翼の源ということに在って、そのための天の水採取なのであった。天地陰陽合一こそ、あらゆる思念の根本にあるからである。

「南」は「先天易」では「北」の「地」に対する「天」である。それならば、南岳・吉野の水は「天の水」であって、天地合一の目的から、この場面に現れたので、当事者にとっては、唐突でも何でもなかったと解したい。

持統天皇はその生涯を通して三十三回にわたり、吉野に行幸になっている。その目的は「不老不死の水にある」とは既に多くの先学によって指摘されていることではある。しかしそれならば何故、金鉱のあった形跡もない吉野山が、「金峯山《きんぷせん》」、「金《かね》のみ獄」と古来、称せられ、金峯山寺には異形の像容の金剛蔵王権現が鎮座されているのか、何故、桜の名所となっているのか、吉野をめぐる謎は、従来の解釈では解けないように思われる。

「吉野の水」とは何か、その真相の推理が、これらの謎の糸をときほぐす手段と思われる。

(二) 天武・持統朝の祭祀状況

しかしその推理の前に、当時の人々の深層心理の反映としての祭祀の状況を先ず考えたい。それは天武・持統両朝において、例幣として知られる竜田風神・広瀬大忌神の祭祀である。

1　天武朝における竜田風神および広瀬大忌神祭祀表

天武　四年四月癸未日。　祀風神于竜田立野。祭大忌神於広瀬河曲。
　　　五年四月辛丑日。　祭竜田風神。広瀬大忌神。
　　　〃　七月壬午日。　祭竜田風神。広瀬大忌神。
　　　六年七月癸亥日。　祭竜田風神。広瀬大忌神。
　　　八年四月己未日。　祭広瀬竜田神。

〃　七月壬辰日。　祭広瀬竜田神。
九年四月甲寅日。　祭広瀬竜田神。
〃　七月辛巳日。　祭広瀬竜田神。
十年四月庚子日。　祭広瀬竜田神。
〃　七月丁丑日。　祭広瀬竜田神。
十一年四月辛未日。　祭広瀬竜田神。
〃　七月壬寅日。　祭広瀬竜田神。
十二年四月戊寅日。　祭広瀬竜田神。
〃　七月乙巳日。　祭広瀬竜田神。
十三年四月甲子日。　祭広瀬大忌神。　竜田風神。
〃　七月戊午日。　祭広瀬竜田神。
十四年四月丁亥日。　祭広瀬竜田神。
〃　七月乙丑日。　祭広瀬竜田神。

2　持統朝における竜田風神および広瀬大忌神祭祀表

持統　四年四月己酉日。　遣使祭広瀬大忌神與竜田風神。
〃　七月癸巳日。　遣使者祭広瀬大忌神與竜田風神。

五年四月辛亥日。　遣使祭広瀬大忌神與竜田風神。
〃　七月甲申日。　遣使祭広瀬大忌神與竜田風神。
〃　八月辛酉日。　遣使者、祭竜田風神信濃須波水内等神。
六年四月甲寅日。　遣使者、祀広瀬大忌神與竜田風神。
〃　七月甲辰日。　遣使者祀広瀬與竜田。
七年四月丙子日。　遣大夫謁者詣諸社祈雨。又遣使者。祀広瀬大忌神與竜田風神。
〃　七月己亥日。　遣使者、祀広瀬大忌神與竜田風神。
八年四月丙寅日。　遣使者祀広瀬大忌神與竜田風神。
〃　七月丁酉日。　遣使者祀広瀬大忌神與竜田風神。
九年四月丙戌日。　遣使者祀広瀬大忌神與竜田風神。
　七月戊辰日。　遣使者祀広瀬大忌神與竜田風神。
十年四月辛巳日。　遣使者祀広瀬大忌神與竜田風神。
〃　七月戊申日。　遣使者祀広瀬大忌神與竜田風神。
十一年四月己卯日。　遣使者祀広瀬與竜田。
〃　七月丙午日。　遣使者祀広瀬與竜田。

(三) 金気も内に含む「巳」と「申」

持統朝の即位式と藤原京遷都の両度にわたる水の呪術を見て来たが、ここに注目されるのが前朝の天武時代からの四月・七月斎行の広瀬・竜田両大社例幣である。

前表の通り、ここにみられるものは一糸乱れず、見事に並んだ四月・七月という月の取り合わせである。

- 四月は、巳月
- 七月は、申月

に還元されるから、この取り合わせは直ちに

- 「巳・申の支合」すなわち「水」

となる。前述のように、天干地支といって、十干は天、十二支は地、に属するから、この「巳申の合」すなわち十二支の支合が生ずる水は、「地の水」である。

「巳」と「申」の組合せの作用はこれだけではない。この両支のなかには、「蔵干」といって金気も含まれている。

風は木気である。「金剋木」の法則によって金気は木気を叩く。

「風水呪術」の根本義は「蔵風得水」、つまり「風を撃ってこれを蔵め、終熄させ、よい水を得る」ことにある。

天武朝に創められ、持統朝にひき継がれた竜田・広瀬両大社の四月・七月の例幣の目的は、五穀豊穣と風の鎮めとされている。

「巳申の合」はよく「地の水」を生じ、「巳」と「申」のなかの金気は、よく風を撃ち、これを鎮める。風を鎮め、よい水が得られるならば豊作は疑いなしである。この両大社の例祭の背後にあるものを藤原京の場合と同様に風水呪術と考えたい。

(四) 広瀬・竜田両大社例祭と吉野行幸

この広瀬・竜田両大社の四月・七月例祭のワンセットは、持統朝に入ると、これが女帝の吉野行幸とワンセットになり、その状況の一部を表にすると、

持統六年…	七月	(申) 九日	(壬寅)	吉野行幸
	七月	(申) 十一日	(丙辰)	広瀬・竜田奉斎
持統七年…	七月	(申) 七日	(甲午)	吉野行幸
	七月	(申) 十三日	(己亥)	広瀬・竜田奉斎
持統八年…	四月	(巳) 七日	(庚申)	吉野行幸
	四月	(巳) 十四日	(丙寅)	広瀬・竜田奉斎

となる。

前章で、『天神寿詞』の中枢を、「天つ水」採取方法にある、としたが、それも実は「天つ水」採取それ自体がその目的ではなく、問題は、「天と地の水の融合」ということであって、その目的達成のための「天つ水採取」なのであった。

それならば、広瀬・竜田祭祀とワンセットになっている持統天皇の吉野行幸も、また、同じ視点から捉えられるべきではなかろうか。

前述のように、天地・陰陽は一になるべきものである。南は「先天易」では「天」なので、都の南岳としての吉野は「天」であり、吉野の水はそれだけでも、そのまま天の水、と考えられていた。

この意味で、繰り返しになるが、藤原の宮の御井の歌の吉野はけっして唐突なものではなく、三山の竜脈から生じる地の水に対する天の水としてうたわるべくして歌われたものであろう。

しかし、持統女帝は、念入りな呪術を好む性格であった。この場合、すなわち吉野行幸にもこの性格は影響する。

それでは女帝における「天地の水」とはどういうものだったろう。

地の水……巳申の支合
天の水……丙辛の干合

この両方併せたものが持統女帝にとっての真の「天地の水」であった。「丙辛の干合」それによって得られる天の水は、即位式において既に実践されていた。

即位式はその治世の始め、天皇としての自身の誕生である。産湯ともいうべきその天地の水の呪術を、生涯を通して自らに課し、水の功徳を身に積んで行くことを彼女が念願したとしてもそれはむしろ当然であろう。

「巳申の支合」の水に匹敵する「丙辛干合の水」、それが、持統女帝の吉野に求めた水なのであった。

七　吉野山と金剛蔵王権現

「陰陽五行」と最近ではテレビでも新聞でも簡単にいうが、それほど生易しいものではなく、その内容は複雑で、これは宇宙間の原理・原則を有形無形を問わず、あらゆる事象事物のなかに見出し、それに則った行為・行動を時に己れ自身にも課する実践哲学である。歴代天皇のなかでも持統天皇はこの哲学にもっとも忠実な君主で、これを国家の経営、諸行事のなかに徹底的に生かしている様相は、既刊の拙著『持統天皇』においてある程度触れたのでここには省略する。

本章の題名、すなわち在位中三十一度に及ぶ吉野行幸もその例であって、それを単なる君主の遊楽、在りし日の夫帝を偲ぶ懐旧の情によるもの、等の理由づけでは、到底まかない切れない要素を多分に含むものと思われる。

もちろん、天智の改革、天武の大成、によってもたらされた天下無事太平を、女帝が十分に享受した揚句の吉野行幸ではあるが、吉野行幸の異常とも見えるその頻度は、只事ではない。

吉野の山河は美しい。重畳とたたなわる山なみ、その山なみをぐって走り下る水、それらを併せて豊かに流れる吉野川。

そこは古くからこの世ながらの仙郷として捉えられ、仙女にかかわる伝説も、鶴に駕《の》って去る仙人のイメージも詩に歌に詠ぜられている。

しかし、天武・持統朝の吉野山と、それ以前のそれとは、そこにある一つの区別が必要とされるのではなかろうか。

ここで注意されるのは、持統天皇と、山岳宗教の大成者、修験道の開祖とされる役小角《えんのおづぬ》、俗称、役行者が同時代であることであった。後述するように彼は金剛蔵王権現の生みの祖であるが、この蔵王権現こそ吉野山のシンボルであって、私見によれば、この尊像のなかに、吉野山のもつ呪術性はすべてこめられているといっても過言ではない。

この金剛蔵王菩薩を祈り出したとされる役行者が、天武・持統朝の人であったということは、その時代の吉野山と、それ以前の吉野山とは、当然、区別されなければならないということになる。

もちろん、役行者の出現を俟って、吉野山が初めてその呪術性をもつに至ったとは思われないが、少なくとも彼によって、それまで漠としていたものが、明確に理論づけられ、一斉に開花し、蔵王権現の尊像となって、理論が現実化され、万人の目にみえる相《すがた》として、定着することになったのではなかろうか。

古く縄文から弥生に至るまで、日本原始信仰は、蛇を祖神として尊崇していた。円錐型の山は祖神のトグロを巻く姿と感じられ、それらの山はすべて祖霊のこもる山として信仰の対象となっていたから、吉野山切っての高峰で、しかも円錐型の青根ケ峯は、当然、蛇信仰の中枢として王座の位を保っていたに相違ない。今もこの峯近く「蹴抜塔《けぬけのとう》」があり、ここは義経がかくれていたところともいい、修験の重要な要素である。修験道のなかには濃厚な蛇信仰の痕跡がみとめられるから、「ケヌケ」を称する社祠が、青根ケ峯山麓にあることは、この峯が原始蛇信仰の山であったことの名残を示すものと思われる。したがって、青根ケ峯を中心とする吉野山の信仰は、役行者の出現に始まるものではない。ただ、青根ケ峯の山容の示すものが、大陸の古代哲学受容の結果、「炎」と感じられ、「火」の象を具現する「神名火（カミノヒ）山」として、新たな理念の下に、新しく信仰の対象となった。すなわち異質の信仰対象となったに過ぎず、青根ケ峯そのものの神聖性は、悠遠の古代から変わることなく、つづいて来ていたものと推測される。

しかし、新規のものは常に人を圧倒する。大陸の哲学を受け入れ、この哲理が次第に浸透して来ると、やがてこれを自家薬篭中のものとして自在に使いこなせる人も自然に出て来る。役行者とはそういう類《たぐい》の人であった。

長年にわたる山岳修行の証しを、幾多の「験《げん》」として示し得た上に、新規の陰陽五行の哲理にも通じていた役行者によって、吉野山の神聖性は、まったく新たに据え直された。この新たに把握された青根ケ峯の神聖性の具象化が、蔵王権現の創造につながり、それにつれて「金峯山」の名称も生まれ、シンボルとしての「桜」もまた誕生することになった。

「蛇」の山から「火」の山へ。青根ケ峯のこの変身が、ひいては持統天皇の度重なる吉野行幸の遠因にもなった、と私は推理する。本章はその吉野山、就中、その首峯、青根ケ峯と吉野山の別名とも考えられる金峯山、と蔵王堂の本尊、金剛蔵王権現について推理し、持統天皇吉野行幸のかくされた原因を、それらの推理の過程のなかに見出そうとするものである。

八　吉野山の首峯・青根ケ峯

(一) 水源の山・蛇の山としての青根ケ峯

近鉄吉野線上市駅を降りて車で数分、国道一六九号線を吉野川沿いに遡って行くと、道の左側に、吉野歴史資料館がある。この辺りが持統天皇宮滝の離宮趾と推定されている処で、その小高い丘の上に立つと、吉野川を距てた対岸には、喜佐山、三船山などが重なり合い、その奥には、標高八五八メートルの青根ケ峯が、円錐型の秀麗な姿を覗かせているのが遠望される。

この丘から女帝も朝夕に、南の空にかすむこの山を望見された、というより、むしろこの峯を、自身の身体すべてを以てうけ入れたいと望んで、はるばる行幸になったのではないかとさえ、私には思われる。

吉野のその山々のさらに奥に、吉野山の首峯として聳えるこの峯こそ、吉野山の水の源をなす山だからである。

この山に降る雨は、四つの川の水源となるが、その状況は、まず、

・東流して音無川、蜻蛉《せいれい》の滝となって、その水はやがて吉野川と合し、
・南流して黒滝村に入って丹生川となり、はるか下流の五條市で吉野川に入り、
・西流して下市町の秋野川から、やがてこれも吉野川へ、
・北流して喜佐谷に入り、宮滝遺跡の対岸で吉野川に合する、のである。

青根ケ峯はこれら四つの川の源をなし、それらの川は紆余曲折を経た後に、すべて吉野川にそそぐ。

古来、吉野の水分峯《みくまりのみね》とは青根ケ峯を指し、水分神社もその昔には、青根ケ峯の麓に祀られていたという。

その姿が気高く美しく、吉野山の首峯として、吉野川に究極的には流入する四つの川の源となる山、このような山が信仰の対象にならないはずがない。

古くこの山は蛇の姿に擬《もど》かれ、そのために信仰の対象になったと先に推理した。また、この蛇信仰においても、蛇の神格のなかに、「水の神」も数えられるので、いくつかの川の源をなす青根ケ峯は、この意味でも信仰の対象となったはずである。

(二) 青根ケ峯信仰の変化

しかし五・六世紀に古代中国哲学、易・五行が招来され、ここに一種の宗教改革が行なわれると、それにつれて、山に対する信仰にも当然、変革が始められた。

山への意識の変化は、まず、その山の姿、山容に始まる。

祖神のトグロを巻く姿に見立てられていた円錐型の山は、三角の炎の形、「火」を象る山と見做され、別途の信仰の対象となる。

なにぶん、相手は山。小さな火のはずはなく、巨大な火で、それは十干でいえば「丙」(火の兄《え》)となる。

さらに吉野山は当時の都からは東南に当たるので、その方位も「丙」の方。

したがって、青根ケ峯は、その山容からも、方位からも「丙」の山であった。

「丙」の青根ケ峯が結ぶべき相手は、金気の「辛」に限られる。そこで近くを探すとこの青根ケ峯が属する「金峯山」に出遇う。

金峯山はその名の通り、疑いもなく、金気であり、しかも「辛」(金の弟《かと》)のはず。そうして、この「丙」と結ぶ場合の「辛」が代表している金気は当然、黄金でなければならない。

青根ケ峯が属する吉野山の連山を「金峯山」「金《かね》の御獄《みたけ》」「み金の獄」という。

これは明らかに「丙」の青根ケ峯と干合する「辛」で、それゆえの「金峯山」であり、「み金の獄」で、黄金の山であることを暗示している。

吉野山一帯は丹生《にう》の地名が多く、水銀の鉱床は豊富であるが、水銀のイメージと黄金はあまり結びつかず、黄金の鉱床も発見されず、そのため金峯山の名称は謎とされている。

『宇治拾遺物語』(巻二)に、金峯山の黄金を盗んで散々な目に遇い、ついに死んだ男の説話が載っているが、いかにも荒唐無稽な筋立てで、要するに金峯山の「名称」と、その「神威」に凭《よ》っての作り話にすぎない。

呪術による命名である以上、現実の黄金の有無などに関係なく、金峯山は金峯山、どこまでも黄金の山なのであって、それが呪術というものであろう。

九　金峯山

（一）金峯山と青根ケ峯の関係

金峯山は「金のみ獄」ともいい、古来、日本の古典にも数多く触れられながら、部外者にとっては何かとっつきが悪く、どこを指すのかよく判らない山である。そのわけは、金峯山とは独立の山とか峯ではなく、一つづきの山の連なりを指すからである。これをさらにくわしくいえば、吉野川南岸の六田《むった》から吉野山を経て山上ケ岳に至る一連の山脈の謂《いい》で、そのなかに水分《みくまり》山、高城《たかぎ》山などを含み、その最南端に位置するのが、前述の標高八五八メートルの首峯・青根ケ峯なのである。

さらにこの金峯山とならんで修験道において重要な山が大峯山であるが、この大峯山とは前述の山上ケ岳から熊野までの山の総称である。

(二) 役行者と金剛蔵王権現

修験道の開祖、役小角、通称、役行者は七世紀から八世紀にかけての山岳宗教家で、はじめは葛城山、後にこの大峯山で一千日の修練苦行を積み、衆生済度の悲願をこめて祈念したところ、ついに金剛蔵王権現を感得したという。

蔵王堂の本尊はいうまでもなく蔵王権現であるが、それは次の三体から成る。

中央　　　　釈迦如来（過去の救済）
右（向って）千手観音（現在の救済）
左　　　　　弥勒菩薩（未来の救済）

これら三世の諸仏が蔵王権現という仮の姿で、忿怒の形相を以て、蔵王堂の巨大な厨子の奥深くに祀られている。

「この蔵王堂の三体の本尊の作者は『古今雑記』によると、南都、仏生寺の了覚《りょうかく》、宗印という仏師で如意輪寺の蔵王を模して作られた、とある」（前掲『新吉野紀行』より要約）

(三) 如意輪寺の蔵王権現立像

蔵王堂の蔵王権現像の原型となっているものは、塔尾山《とうのおさん》如意輪寺の尊像という。如意輪寺境内の宝物殿のなかに、重要文化財「蔵王権現立像」が陳列されている。

近年の調査によって、嘉禄二年(一二二六)、南都の仏師源慶作であることが判明したが、彼は運慶の弟子で、興福寺北円堂の弥勒菩薩の作者としても知られている。

この像は檜の彩色寄木造り、高さ八四・八センチで、むしろ小ぶりの立像であるが、その忿怒の形相、三つの玉眼の鋭さ、岩を踏みつける左足の強さ、宙に躍り上がる右足、頭上にふりかざされた右手の三鈷杵、等、それらの迫力は正に無類であるが、就中、注目されるのは左手の「刀印」である。

人差し指・中指の二つをしっかりと揃え、これを真っ直ぐに突き立てて形作られている刀印(あるいは剣印ともいう)、そこには刀印の呪力ともいうべきものを、いやが上にも誇示しようとの意志がはっきりと窺われる。

見様によっては、この像の鋭い玉眼も、唇元《くちもと》の牙も、宙を踏みつける足先も、すべてはこの刀印の切っ先にむけて結集されているかのように見受けられる。

さらにこの立像がその背後に負っているのは、燃え盛る炎の造型で、この炎はその天衣の裳裾の襞とも照応し、その間に生み出される全体のバランスのよさも非の打ち処がなく、重文の貫禄十分である。

この像が数多くの蔵王権現立像中の傑作として、後世、規範とされた理由も、この像に身近に接するとき、あらためて深く納得させられる思いがする。

（四）謎の蔵王権現の神格

如意輪寺蔵王権現立像

これほどの傑作を生み出さずにはおかない信仰心とは、どういうものだったのだろう。この蔵王権現立像の背後に潜むものは並々ならぬ情熱である。
にもかかわらず、蔵王権現の神格はその由緒も定かではなく、この事実を裏書きするかのようにその像容も特異で、仏典のなかにもその類例がみられないという。
蔵王権現は稀代の呪術者、修験道の開祖、役行者によって感得され、千日の荒行の末に祈り出された神の尊像である。
その由緒を不明として、徒に歳月を経

過させてよいはずはない。総力を挙げて先人の世界観、信仰、情熱の後を追い、真実に近づくための推理を行なうことこそ後代の人間に負わされた責任と義務ではなかろうか。

(五) 金剛蔵王権現像の推理

金剛蔵王権現の尊像をみつめていると、その特徴が歴然と眼中に、およそ次のような順でとび込んで来る。

1 尊像が負っておられる巨大な「火炎」
2 その湧出を示す足下の「岩」
3 「忿怒」の形相
4 「巨眼」の鋭さ
5 左手で結び「刀印」

「 」内の物はいずれも五行のうちの「火」あるいは「金」に還元され、それを十干に当てはめれば、すべて「丙」あるいは「辛」となる。

1 火炎……「火」……「丙」(火の兄)

2　岩………「金」………「辛」（金の弟）

3　忿怒………「火」………「丙」

4　眼…………「火」………「丙」

5　刀印………「金」………「辛」

蔵王権現の尊像は、その主要部分がすべて火と金から成り立っていて、十干にすれば、「丙」「辛」となるので、この像がそっくりそのまま、丙辛干合像、丙辛干合の具体化であることを示している。

要するに、この蔵王権現は吉野山に「天の水」を求めた人々の願いによって生み出された尊像で、吉野山信仰の象徴である。全くこの山独自の神、あるいは仏であって、吉野山の精粋であり、その像容もまた他の仏典中に類例がみられないのはむしろ当然なのである。

第五章　第四十三代　元明天皇・第四十四代　元正天皇

奈良七代七十余年と唱われるこの時代をひらかれた元明・元正の両女帝は、互いに切り離すことが出来ず、ワンセットにして考えるべきものと思われる。その理由は次の二つ。

1　早逝された草壁皇子の慰霊。

2　元明・元正両女帝の謚号は国体明徴を意図しているもので、これをワンセットとしてこそはじめて意味があること。

1について

系図にみられるように草壁皇子を取巻く天皇群は御祖《みおや》・配偶者・皇子・皇女等、そのすべてが皇子関係者である。

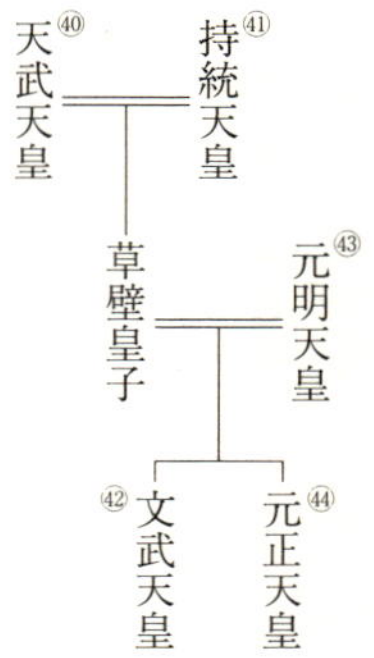

皇位をめぐる争いのきびしいさ中、皇位に即《つ》くことのなかった一人物をめぐるこのような天皇群の様相は異様ともいえる。

持統天皇の項において彼女の稀にみる政権欲が、藤原不比等・物部麻呂の協力者を得て、草壁皇子の抹殺という当事者達の望み通り事が運ばれたことを推理した。しかしここに来て予想外の事態が発生した。思いもかけない文武天皇の早逝である。

持統天皇は孫の文武天皇即位の後もなお、自身の皇権維持の為、大宝令を不比等に制定させ、太上天皇の制を新設した。持統はそれで十分満足していたので、まさか孫の文武天皇が在位僅か十年で早逝されるとは思わなかったはずである。持統天皇は既に文武より五年早く七〇二年、崩御になっているので、この早逝をその目で見られたわけではないが、不比等、麻呂ら一味は健在で、亡き持統の心中も十分推測できたのである。

当時としてはこのような現実に遭遇した時、まず考えられることは草壁皇子の怨念であり、怨霊であった。草壁皇子の怨みは深く、とてもその後嗣の文武天皇の即位だけはすまないと考えられたのである。横の関係としてはその妃、つまり持統天皇の十七歳下の妹、阿閇皇女の即位、並びに草壁の皇女氷高の即位を実現し、縦横の関係の天皇群を以て、草壁皇子を取囲むことが一番の慰霊手段と思われたのではなかろうか。

しかし持統を中心とする一味について熟知していた当の元明天皇にとっては、むしろこの自分の為に用意された即位はうす気味のわるいことであって、彼女のその心境をうかがわせる歌が妹との有名な唱和である。

一　謎の元明御製

物部麻呂は不比等より二十歳の年長にもかかわらず、長命を保ったため不比等と雁行して出世し、和銅元年（七〇八）には右大臣の不比等をこえて左大臣となり、元明天皇、和銅元年の即位式にも、持統女帝の即位におけると同様、大楯をたてて、威儀のよそおいに参与する。

その折の元明天皇（草壁妃・阿閇皇女）御製と御名部皇女の歌が『万葉』（巻一）に伝えられている。

和銅元年戊申　天皇の御製《おほみうた》

・ますらおの鞆《とも》の音すなりもののふの大臣《おほまへつきみ》楯《たて》立つらしも

御名部皇女《みなべのひめみこ》の和へ奉る御歌

・わご大君物な思ほし皇神《すめかみ》のつぎて賜へるわれ無けなくに

ここにうたわれている「もののふの大臣」とはもちろん麻呂を指すことは諸家が一致して肯定しておられるところであるが、この麻呂に対する元明天皇の恐怖、脅えは謎として今日まで解明されていない。

何故、高齢の朝廷第一の高官、物部麻呂の鞆の音を、既に四十七歳のけっして若くはない元明女帝が不安がられ、それをまた、姉の御名部皇女がなだめておられるのか。恐らく女帝は遠い昔を思い出されたに相違ない。若い日にいだいた麻呂に対する不信感、不気味さは生涯、彼女らの胸奥からぬぐい去られなかったのである。

異母姉、持統女帝のおそろしさもこの異腹の姉妹には、今、再びよみがえって来る。恐らくこの姉妹も含めて、いかに多くの人々が、息をひそめて表立ってはけっして口にされない恐怖を語り合って生きて来たことか。

うしろ暗い人間が、かくも堂々と世を生きて行く有様、それが恐ろしいのである。これらの歌の背後にあるのは彼女らの生涯にわたる恐怖ではなかろうか。

使用されている言葉は易しいが、その内容においてもっとも解読が困難とされているこの姉妹の歌を、私は以上のように読み取りたい。

元明女帝の平城遷都は、これから三年後の和銅三年（七一〇）三月十日である。その際、左大臣物部麻呂は藤原京に残った。何故、新京には行かなかったのか、その理由は不明とされている。

この歌に詠まれている「鞆」とは弓を射るとき左腕につける武具で、その音がする、というのは弓を射る意味である。邪を払う第一は弓を引くことにあり、「鳴弦」は呪術の究極である。物部麻呂の指揮下における樹楯の儀は、威儀のためであると共に、草壁の怨霊に対するおどしでもあった。

日本では慰霊と、おどしは常に表裏の関係にあり、慰霊使には武人が必ず加わり、御霊会には殺気の金気の鐘の音が加わって、祇園会にはコンチキチンの鐘が入ることは周知の通りである。

元明天皇御製はこのように解せられるのではなかろうか。

草壁皇子の慰霊と浄化はなおつづく。その皇女、氷高皇女の即位である。

草壁皇子の配偶者、元明天皇の即位が横の関係であるならば、これは縦の関係である。同じく皇子なので文武天皇も縦の関係ではあったが、本当の慰霊は女、という古習だったのではなかろうか。沖縄では遺体を囲むのは女である。今はどうなっているか判らないが、一九七〇年代頃まで、私の目にした葬式では女が主であった。

本来なら文武の皇長子、首《おびと》皇子は既に十五歳に達していたから、元正天皇の即位は不要だったが、元正が敢えて即位されるについては、不比等にそれなりの思惑があったに相違ない。

不比等としては娘、宮子所生の文武帝の皇長子、首皇子の即位は、草壁皇子の怨霊をすべて取除き、浄化した上で執り行ないたいところであった。しかもその首皇子の妃としてはなお引続き、自分の娘、安宿媛を納《い》れようと計画していた。彼にとって、皇位につきまとう邪霊はあらゆる手だてをつくして祓い去っておかなければならないのであった。それには、草壁皇子の妃とその皇女、つまり最も身近な元明・元正という二人の女性の即位によってはじめて皇子の怨念も払拭されると考えられた。

2について

天武天皇崩御前年の位階名称改定

先に大化改新当時から天智朝を通して、位階に織物の名称が撰ばれたのは木気の表出であると推理した。（二九〇頁「古代爵位変遷表」参照）

天武は火徳なので、「木生火」の理により、この名称は天武朝にもそのまま継承された。ところが、天武崩御の前年、十四年正月に至って、急にその名称は更改された。

天武はこの頃、既に体調をくずし、鸕野皇后の勢力は一段と強化されていたと思われる。次の皇位を践《ふ》むことを予期していた彼女は自身を「土徳の君」と位置づけていた。

そうなれば「木剋土」の法則によって、木気象徴の名称はまことに好ましくない。彼女は位階名称の更改を夫帝に迫り、実現に漕ぎつけたのが上記の名称だったのではなかろうか。その際、彼女の意図した点は、

- 夫妻共治体制の象徴化
- 火徳・土徳の具体化

であった。

・まず夫帝の「火」は陽気で「天」

・　自身の「土」は陰気で「地」

に還元される。そこで位階の配分・名称にも天地の二元が執られ、

・皇族（天）

・臣下（地）

に分けられた。

皇族用の

「明」・「浄」……はそれぞれ火気と陽気の象徴

臣下用の

「正」・「直」……はそれぞれ方正と素直

「勤」・「務」……は地役を意味し、いずれも細心に努め励む土気の象

に還元される。

この官位制の更改は持統治世下の日本国家に限られることはなく、その後の日本を規制しつづける。

要するに「明」・「浄」は陽の気を意味し、この陽の気は混沌から上昇して「天」となり、人に在っては「君」となる。陰の気は下降して「地」となり、人に在っては「民」となる。その民が本分とするところは、ひたすら正しく直く、勤務するという地役《ちえき》に徹すべきものとする。

この陰陽二気の融合・発展の上に国家の繁栄も期待出来るので、

元明・元正（陽）（陰）両女帝の謚号はこの更改された官位制の冒頭を取って、正に新生国家の理想的の在り方を象徴するものなのであった。

このような知恵者は不比等を措いては考えられない。

元明・元正をワンセットとして引続いて登極させることにより、

• 草壁の怨念を祓い、

• 宇宙の理の実現を計り、

• 新官位制下における新生国家の誕生、即ち咲く花の匂うが如き奈良の都の実現、を祝福したかったのである。

その奈良の都の東の山地には、一族の氏神の社、春日大社を祀り、氏寺としては興福寺を据え、家運の長久を祈求した。それまでは物部麻呂を常に自分より高位において来たが、奈良の都をこのように一族のために構造化し、神仏の加護まで期待出来るようになった以上、彼の思惑、世間態など意に介する必要はなくなった。藤原京から麻呂が動こうとしないならば、それこそ思う壺だった。

二　「不改の常典」即「天照大神の神勅」

奈良時代最初の二人の女帝、元明・元正の謚号を寄せると、君臣の別を示す新官位制の象徴となる、と推理した。

その元明天皇即位の宣命は次の通り。

現神《あきつみかみ》として天下を統治する倭根子天皇《やまとねこのすめらみこと》（持統）が、詔としてのべられるお言葉を、親王・諸王・諸臣・百官の人たち及び天下の公民は、皆うけたまわれと申しのべる。

口にいうのも恐れ多い藤原宮で天下を統治された持統天皇は、丁酉《ひのととり》（文武元年八月）に、この天下を治めていく業《わざ》を、草壁皇子の嫡子で、今まで天下を治めてこられた天皇（文武）にお授けになり、二人ならんでこの天下を治め、調和させてこられた。これは口にいうのも恐れ多い近江《おうみ》の大津宮で、天下を統治された天智天皇が、天地と共に長く、日月と共に遠くまで、改《か》わることのない常の典《のり》（不改常典）として、定められ実施された法を、お受けつぎになり、行なわれることであると皆がうかがい、かしこみ仕えきたと仰せられるお言葉を、皆承れと申しのべる。

このようにお仕えしてきたのに、去年十一月、恐れ多いことであるが、わが大君であり、わが子でもある天皇（文武は元明の子）が、仰せられるのは、「自分は病んでいるので、暇《いとま》を得て治療したい。この天《あま》つ日嗣《ひつぎ》の位は、大命《おおみこと》（自分の詔）にしたがって、母上が天皇としておつきになり、お治めになるべきである」と、お譲りになられる言葉をうけたまわり、答え申し上げたことは、「私はその任に堪えられません」と辞退しているうちに、度重ねてお譲りになるので、お気の毒でもあり恐れ多いので、今年の六月十五日、御命令をお受けしますと申し上げ、そのとおりにこの重大な位を継ぐのであるが、このことを天地の神々は心を労し、重大に考えられることであろうと、畏れ多く思っている、と宣《の》べられるお言葉を皆承れと申しのべる。

このようなわけであるから、親王をはじめ諸王・諸臣・百官人たちが、浄く明《あか》き心をもって、ますます務め心をひきしめ、自分を助け輔佐してくれることによって、この天皇の統治する国家《あめのした》の政《まつりごと》は、平安で長く続くであろうと思う。また天地と共に永遠に改《か》わることのない掟として、立てられた国家統治の法も、傾くことなくゆるぎなく続いてゆくであろうと思う、と宣べられるお言葉を皆承れと申しのべる。……」

(『続日本紀(上)全現代語訳』宇治谷孟、講談社学術文庫、一九九二年)


この中の「不改常典」が何を指すかは、今もなお史家の間で問題となっているが、私はこれを『日本書紀』天照大神の天孫降臨に際しての「神勅」と考える。

「葦原千五百秋之瑞穂国、是吾子孫可王之地。宣爾皇孫就而治焉。行矣。宝祚之隆富与天壌窮者矣」

元明即位宣命中の「不改常典」を「天照大神神勅」とする理由は次の様に考えられる。

• この神勅こそ『日本書紀』の最重要眼目
• 書紀撰進は七二〇年、元明即位は七〇七年。その即位の頃、恐らく日本書紀の編集会議はこの神勅起草最中でその主筆は不比等。

・中大兄皇子（天智天皇）と中臣鎌足の協力によって蘇我氏討伐が成功し、蘇我氏による易姓革命から皇室は防衛された。

持統天皇（天智娘）と、不比等（鎌足息）の枢軸は中大兄・鎌足路線の延長線上に在り、これによってその後の日本国家体制も定まった。

・天孫降臨につき従う五部族の筆頭は中臣氏の祖で、この皇室と中臣氏の関係は以後そのままつづく。即ち藤原氏は皇妃を納《い》れつづけることによって臣下ではあっても「蔭の皇室」として日本国家の実権は握る。但し、そこに至るまでは表面は常に石上麻呂を立て自分はその次の位に甘んじている。（後掲の年表参照）

・女帝皆無の中国原理も、その対策も、けっして忘れ去られた訳ではないが、天照大神神勅の中には「子孫」が強調されていて、そこには男女の性別は言及されていない。又天智系・天武系など区別する次元の神勅ではない。そこでそれらの問題はここにおいても影が薄くなる。取分け元明・元正二帝は、その諡号が「ワンセットで一君万民の永遠に改められることのない原理原則」を示す故に女帝の存在は否定されるどころではなくなる。美濃の醴泉譚などもあるが、もはや女帝が肩身せまい存在ではなかったのである。

しかしこの様相は第四十六代、孝謙、重祚して称徳天皇に至って変化がみられる。つまり、再び女帝嫌悪の中国の原理・原則が抬頭して来て、則天武后を手本にそれへの対策がとられる。すなわち四字年号・大雲寺や大仏建立等、中国の大事業はすべて模倣され、大雲寺は国分寺に、則天武后の大仏は、東大寺ルシャナ仏にそれぞれ対応するなど、孝謙朝には則天武后の模倣が著しい。

当初、持統天皇は大和三山に囲まれた聖域、藤原に永遠の都の造営を意図されていたに相違ない。しかし不比等には別の思惑があった。それは文武天皇の早逝が引き金になったかと思われるが、すべては皇位に対する草壁皇子の怨念と受けとられ、その結果、平城遷都の実行が一気に加速された。

遷都による怨霊浄化を手始めに、平城京初代二女帝ワンセットによる「一太極二陰陽」の古代中国哲学思想の新京における実現をはかったわけで、次表はその間の事情の表示である。

元《はじめ》

日本国家（太極）

明　皇室（君）　陽　天上族

正　藤原氏（臣）　陰　地下《ちげ》族筆頭

皇室覆滅をはかる蘇我入鹿紂殺を中大兄に示唆した父、鎌足と同様、不比等もまた革命によらぬ手段を以て、永久政権の維持を念願した策士であった。

おわりに

元明・元正　両女帝の諡号ワンセットにみられるものは、

・藤原氏永久政権
・易姓革命回避

の二点で、ここに不比等の熱い祈りにも似た思いが窺われる。父子二代に亘っての国家の無事と一族繁栄の願いは、

・平城京への遷都
・初代二女帝

によって、理想の段階を超えて、現実化に近づく。

しかもなお、この措置は当時の状勢に即した一時的のものとして、不比等は既にその先をよんでいたと思われる。

現に孝謙（称徳）の治世をみれば、女帝ではおさまりの悪い面も多く出て来て、則天武后の新政

が一代で終わったように日本でも以後、女帝は姿を消す。

例外的に徳川期、明正天皇が出現するが、この場合は天皇対幕府の軋轢の結果であって、しかも明正天皇とは、元明・元正二女帝追慕の諡号とうけとられ、不比等の狙った同一効果の期待が露《あらわ》である。つまり徳川氏もまた革命を厭い、地下族の筆頭として国家永遠の実力者を期している訳である。

革命回避の原動力を象徴する元明・元正両女帝は、たとえ不比等の傀儡であったとしても、その存在の意義は限りなく深大である。

藤原不比等年譜

西暦	年次	年齢	
六五九	斉明五	一	中臣鎌足の第二子として生まれる
六六三	天智二	五	倭国の軍、唐・新羅の軍と白村江に戦って敗北。百済滅亡
六六五	四	七	自雉四年（六五三）に学問僧として入唐していた兄貞慧帰国。一二月貞慧歿（二三）。不比等は事実上鎌足の後継者となる
六六八	七	一〇	唐・新羅の連合軍によって高句麗滅亡
六六九	八	一一	一〇月一五日、鎌足、大織冠・大臣の位と藤原の姓を与えられる。翌日鎌足歿（五六）
六七一	一〇	一三	一二月、天智崩
六七二	天武元	一四	六月、大海人皇子挙兵、壬申の乱起こる。中臣連金、田辺小隅ら近江朝廷側を支持。近江大津宮陥落。大友皇子自害
六七九	八	二一	五月、天皇・皇后・六皇子、吉野で盟約す
六八〇	九	二二	長男武智麻呂生まれる
六八一	一〇	二三	三月、「帝紀及び上古の諸事」を記定せしめる。中臣連大嶋も参加。房前生まれる
六八六	朱鳥元	二八	九月、天武崩。一〇月、大津皇子謀叛を理由にとらえられ、死罪
六八九	持統三	三一	二月、判事となる。位階は直広肆。四月、草壁皇太子歿。草壁皇太子の黒作懸佩刀を与えられる。六月、撰善言司をおく
六九〇	四	三二	一月、持統即位。中臣大嶋、天神寿詞を奏す
六九一	五	三三	八月、藤原氏の『墓記』上進
六九四	八	三六	藤原宮へ遷都。三男宇合生まれる
六九六	一〇	三八	七月、太政大臣高市皇子歿。一〇月、資人五十人を給せられる
六九七	文武元	三九	文武即位。黒作懸佩刀を献呈。八月、娘宮子入内。持統、譲位後も太上天皇として国政に参与
六九八	二	四〇	八月、詔で藤原朝臣は鎌足の子不比等に、意美麻呂らは旧姓(中臣)に復すべしとする
七〇〇	四	四二	刑部親王らとともに大宝律令の編纂に参加。位階は直広壱
七〇一	大宝元	四三	三月、新令により正三位大納言となる。一二月、宮子、首皇子（聖武天皇）出生。

七〇二	二	四四	県犬養三千代との間に安宿媛（光明皇后）生まれる 六月、遣唐使出発。一二月、持統崩
七〇四	慶雲元	四六	一月、石上麻呂、右大臣となる。不比等八百戸の封戸を給せられる。七月、遣唐使粟田真人ら帰国
七〇五	二	四七	五月ごろ、病にかかる
七〇七	四	四九	四月、草壁皇子の薨日を国忌とする。同月、五千戸の食封を与えるむねの宣命がだされ、二千戸のみをうける。六月文武崩。七月、元明即位。その即位の宣命で「不改常典」強調される。授刀舎人寮創設
七〇八	和銅元	五〇	三月、右大臣となる。石上麻呂左大臣に進む。中臣意美麻呂神祇伯となる。和同開珎発行
七〇九	二	五一	五月、新羅使を弁官庁内で引見。このころ災疫やまず。蝦夷の叛乱つづく。房前、東海・東山両道を検察
七一〇	三	五二	三月、平城遷都。左大臣石上麻呂は藤原京留守司となる。藤原氏の氏寺（興福寺）を平城へ移す
七一二	五	五四	一月『古事記』完成すという
七一三	六	五五	『風土記』撰進の下命
七一四	七	五六	二月、紀清人・三宅臣藤麻呂に国史を撰集せしめる。六月、首皇子、皇太子となる
七一五	霊亀元	五七	七月、知太政官事穂積親王歿。九月、元明は元正に譲位。太上天皇となる
七一六	二	五八	六月、安宿媛、首皇太子妃となる
七一七	養老元	五九	三月、左大臣石上麻呂歿。不比等、廟堂の第一人者となる。房前参議に列せられる。遣唐使出発（副使宇合）
七一八	二	六〇	養老律令撰修につとむ。九月、武智麻呂式部卿となる。安宿媛、阿倍内親王（孝謙）を生む
七一九	三	六一	七月、按察使を設置。宇合、安房・上総・下総三国の按察使に任ぜられる
七二〇	四	六二	三月、大伴旅人をして隼人を征討せしめる。五月『日本書紀』完成。八月三日、不比等歿。一〇月、正一位太政大臣を贈られる

（上田正昭『藤原不比等』朝日新聞社より）

物部麻呂年譜

西暦	年次	
六七六	天武 五	遣新羅大使　三十七歳　大乙上（正八位上）
六八一	一〇	四十二歳　小錦下（従五位下）
六八四	一三	
六八六	朱鳥元	天武崩。九月二十八日、石上と改名。天武先帝の殯宮で法官のことを誄する。四十七歳 直広参（正五位下） 十月、大津皇子刑死
六八九	持統 三	四月、草壁皇太子薨
六九〇	持統 四	持統即位。即位式において、麻呂「大楯を樹《た》つ」
六九一	持統 五	八月、石上氏は大三輪・藤原氏ら十七氏と共に「祖の墓記」を上進
六九六	一〇	十月、高官五人に資人（従者）を賜う。即ち、多治比嶋、右大臣（正広参、従二位）一二〇人 阿倍御主人、大納言（正広肆、従三位） 大伴御行、〃　｝八〇人 石上麻呂（直広壱、正四位下） 藤原不比等（直広弐、従四位下）｝五〇人 麻呂、五十七歳、ナンバー4となる
六九七	文武元	八月、持統、文武に譲位して太上天皇となる 麻呂は直大壱（正四位上）
七〇一	大宝元	三月、大宝令施行、麻呂、大納言（正三位）。大伴御行の死により、麻呂、ナンバー3。 七月、左大臣多治比嶋歿。麻呂ナンバー2
七〇三	大宝 三	閏四月、右大臣阿部御主人歿。麻呂、ナンバー1となる。六十四歳
七〇四	慶雲元	一月、麻呂右大臣（従二位） 同月、封戸（律令制下の給与制度）二千百七十戸を賜わる。 三年後の四月、不比等も封戸二千を賜わる（当初の五千戸を麻呂に遠慮して拝辞したという）

七〇七	慶雲 四	六月、文武崩御、母阿閇皇女即位、元明天皇
七〇八	和銅元	三月、麻呂左大臣（正二位） 不比等右大臣（正二位）
七一五	霊亀元	元明譲位、氷高皇女即位、元正天皇
七一七	養老元	三月三日、麻呂歿。七十八歳。贈従一位

第六章　第四十六代　孝謙天皇・第四十八代　称徳天皇（孝謙天皇重祚）

四字年号と孝謙天皇

日本史の中で唯一、例を見ないものに孝謙（重祚して称徳天皇）治世下の四字年号がある。

天平感宝　七四九年四月十四日
天平勝宝　七四九年七月二日　｝孝謙
天平宝字　七五七年八月一日
天平神護　七六四年
神護慶雲　七六七年　｝称徳

この現象の背景については当然、考えられなければならないはずが、何故か史家はふれようとはしない。

この現象がみられるのは中国でも則天武后時代のみである。それならばこの四字年号もそれに関わりがあるのではなかろうか。

中国四千年の歴史のなかで、正規に帝位を践《ふ》んだ女性は、則天武后ただ一人である。何事も中国一辺倒の古代日本において、この相違は看過されるべきものではないが、これについてもまた天皇の場合と同様、判然した論はきかれない。このような重大な相違、或いは落差については、たとえ不完全ではあっても、その推論は当然、されなくてはと思うが、以下はそのような意図による試論である。

陰陽思想によれば、「陰」と「陽」はその本性を全く異にし、相対する二元である。たとえば、

・「陽」　天・剛・動・有・男
・「陰」　地・柔・静・無・女

の如くである。

「無」には、すべての相対を超越し、それらとは次元を異にする「無」もあるが、この対照表に挙げられている「有と無」の相対における「無」は、それとは異なる。即ち、ここでは、「天は有」、「地は無」とされ、その意味は、「天」からの日照降雨によって、「地」は本来、「無」であって、「天」による施与によって、はじめて万物を生み出すことが出来る、という意味での「無」である。

これを人間に当てはめれば、男が与え、女がこれを受けて、ここにはじめて新たな生命も生まれ

出る。

要するに、「陰」としての「女」は「無徳」なのである。

中国には古来、「天子にして徳なければ民に恩恵を施し得ず、畢竟、一事もなし得ない」という確乎とした理念がある。この理念に照らした時、無徳の「女」に天子の位が廻って来るはずはない。「徳」は「得」に通じ、精神面のみでなく深く物質にも関わる意を内に持つ。則天武后が「周」を起《おこ》し、帝位に即《つ》いたことは明白な事実でありながら、史家は今もなお、積極的には認めたがらないという。恐らく本質的に受身の女帝など君主としての資格が疑われるというのであろう。

要するに後にも先にも女帝は彼女のみ。しかしその理由はこれだけなのだろうか。

中国皇帝に強く要請されるものに「宗廟祭祀」がある。先にも記したように中国人によって死とは魂（陽）と、魄（陰）の分離を意味する。この分離した祖霊を一つにする処、それが北方の宗廟であり、そのための祭りが、天子親耕、皇后献桑の陰陽の祭祀である。

男帝には皇后が配されるが、女帝には配されるべき陽の男性がなく、結果的に女帝は宗廟祭祀不能である。

本来、無徳であり、且つ、宗廟祭祀不能となれば、女帝出現の機会など望むべくもない。この重くきびしいタブーを破った唯一の女帝、則天武后の治世は、当然、このような哲学を排し、或いは時にこれとの妥協というくり返しのなかに、終始、身体を張って、これに対抗するという姿勢で貫《つらぬか》れている。

たとえば即位以後、好字を冠する改元を頻繁に行なって幸慶を祈求し、太宗以来の国教ともいうべき儒教・道教から次第に偏向して大仏の造顕をはじめ、首都、及び天下諸州に大雲寺の建立、と大雲経収蔵の詔勅発布など、いずれも旧制を打破し、天下に武后ならではの新たな招福への期待をいだかせ、その実現に邁進する気魄十分である。

とりわけ、重要と思われるのが、国璽の変改である。「璽」とは天子の印章の意で、いわば天子の象徴である。

「至武后改諸璽皆為寶」

と見え、武后治世時代に天子の印を改め、すべて「寶」としてしまった、というのである。

「寶」を解字すると、

「宀《べん》は廟所。廟所に玉や貝を供える形で祭器をいう。のち財宝、また尊称として天子の位を宝位宝祚といい、宝とするものに冠して宝玉・宝剣という」（『字通』『字統』要約）

と見え、原義は祖廟の祭器ということである。

文字のなかに常に神霊の作用《はたらき》を感得し、自身の称号、年号をはじめ、事毎に好字を撰び、「則天文字」と称する新字の制定まで実行した武后である。

この最も重大な天子の印の「寶」への改変の背後に潜むものこそ、女帝としての彼女の並々ならぬ決意ではなかろうか。

まず「寶」とは

•その原義が「祭器」、

•それから転じて「財宝」の意に転じた、

という文字である。

この「寶」への改変、撰用は、

•祭祀者としての徳

•君主として人民に施与する徳

を保証するに足るものであって、それは女帝としての武后の劣等感を一挙に払拭した、のである。

しかし武則天の四字年号は

天冊万歳　六九五
万歳登封　六九六
万歳通天　六九六

の三種で晩年十年間のことであり、専ら寿命への願望を意味すると思われる。四という数は金気で生命の象徴である。

孝謙帝が、「宝」をとり入れたのは、国璽変改の代りにこの宝の年号の中に、女主としては完全に果せない「祭祀」の精神をこめたかったと思われる。

正月初子の辛鋤と玉箒

その証拠が「正月初子の辛鋤と玉箒」であろう。

『万葉集巻二十』にみられる、

・初春の初子の今日の玉箒《たまばはき》　手にとるからにゆらぐ玉の緒

この玉箒には「多麻婆波伎」が宛てられている。これはタマにひかれて初のハがバに濁ったので、『古事記』にみえる波波岐と同じ言葉と考えられる。

この歌には次のような詞書がついている。

天平宝字二年正月三日丙子（七五八）召侍従竪子王臣等、令侍於内裏之東屋垣下、即賜玉箒肆宴、于時内相藤原朝臣（内麻呂）、奉勅宣諸王卿等、随堪任意作歌并賦詩、仍応詔旨、各陳心緒、作歌賦詩。

その大意は天平宝字二年（七五八）正月三日はその年の初めの子《ね》の日に当った。そこで多くの廷臣を御所の垣下にあつめ、玉箒を賜って御宴が催された。藤原内麻呂が勅旨をうけて一同にこの感激を歌なり詩なりによんで奉るよういった、というのである。

この日皇居の東庭に仮設された垣の下で、「今日の心如何に」の勅旨に奉答したのが、家持の玉箒の歌であった。彼は、「今日の初子の日に恩賜の玉箒を手にすると新生のよろこびで身内に生命がおどるような気が致します」といったのである。

この玉箒については次のような文献がある。


「…南都東大寺正倉院に、「子日辛鋤及玉箒」ありて、その図をみれば、別に変れる体なり。これ古へ、帝王躬耕、后妃親蚕の遺意なるべし」（『倭訓栞』）

私もまた正倉院御物の玉箒を拝観したが、それは長さ約六〇センチ、箒根草で作られ、その茎毎に紺青のガラスの小玉を冠せられた儀式用の箒で、元来は蚕の掃立て用のものとされているが、実際には用いられることのない呪物である。

玉箒とセットになっている辛鋤も、優雅なつくりで、到底実用には堪えられない呪術のためのものである。

この玉箒と辛鋤のワンセットは前記『倭訓栞』の推測通り、古代中国の宗廟祭祀、すなわち天子親耕・后妃献蚕の儀を象るものに相違なく、それゆえの「正月初子日《ねのひ》」の宮廷行事なのであった。

「子日」の「子」は、北方宗廟祭祀における空間の「子」、即ち、北を、時間の「子」に移したもので、五行においては、時空は常に同一視されるから、差し支えないわけである。
また、「正月」はすべての物事の始まりであり、木気でもあるので、古代中国において皇帝自身が鋤をとって田を耕した、その故事によっていると思われる。

「是月也（正月）、天子及以元日、祈穀于上帝。及擇元辰、天子親載来耜（鋤のこと）…躬耕帝藉。（帝藉とは天神のために民力を借りて耕す田のことで、これを鋤を押して天子が親ら耕したのである。）」

（『礼記月令』）

玉箒と辛鋤をワンセットとする日本古代の正月初子日の宮中行事には、これだけの背景が考えられる。

繰り返せば、一陽来復、陰陽合一の象をもつ冬至は、旧十一月、子月に必ずめぐってくる。その「子」を空間にとって、北方で祖霊を祀れば、神となり鬼となって天上と地下に別れた祖霊の「魂魄」も、そこで一つに合し、再生への可能性も期待出来る。

祖霊への孝養の証《あか》しは、

- 天子親耕による五穀の供饌（陽祀）
- 后妃親蚕による衣料の奉献（陰祀）

である。

この呪術の一方を担うのが玉箒で、これは養蚕の象徴。この玉箒には無数の紺青の玉がつけられている。五行の中で唯一の生命体は木気で、「青」はその木気の象徴である。「玉」は「魂」に通ずるものであるかも知れない。

彼此、考え合わせるとき、玉箒を賜る側の真情も、奉答する家持の歌の真意も、はじめて首肯出来る。

何故、正月初子日なのか。

何故、酒箒の具に過ぎない箒が、碧玉によって飾り立てられているのか。

何故、只事歌《ただごとうた》、としか考えられない歌が、作者がいかに家持とはいえ、ここに撰上されているのか。

これらは私にとって長い間の謎であった。「この箒を手にすると、生命が躍動するように思われます」とは、正に天皇のその祖霊への孝養に対する讃歌であって、それは同時に祖霊の復活再生のよろこびを、祖霊に代りうたい上げているものでもあった。

しかし、この玉箒行において、なお見逃し得ない重要な点がある。それは、

- この場合の天皇は女帝
- 「天平寶字」の元号

の二事項である。

女帝は「陰」であって、「陽」を欠き、陰陽合一を主目的とする宗廟祭祀には適当ではない。「天平寶字」の四字元号、および「寶」字撰用は、武后の故事にならったものと思われるが、前述の通り、「寶」という文字は、元来、宗廟祭祀における供物の意、といわれる。

「天平寶字」は孝謙女帝、治世九年の元号であるが、この元号に呼応するかのように、その二年、宗廟祭祀を暗示する正月初子日に執り行なわれているものが、この玉箒行事である。

以上を総合すると、宗廟祭祀不適格者としての女帝の行く末を案じた周囲による対策がこの行事であって、「陽」の象徴たる男性の廷臣に玉箒を奉持させ、これを陰陽合一による祖霊復活の呪術とした。そうしてその宴の場も「陽」を意味する東庭であった。

しかもなお、これら一連の事象の背後にあるものは、「子」の哲学であり、古代中国の宇宙観、世界観なのである。

あとがき

冒頭でも触れたが、夏・殷・周から清国に至るまで、数千年に及ぶ中国の各王朝には、かつて女帝は存在しなかった。その唯一の例外は唐の則天武后であるが、史家はこれをよろこばず、彼女の建国による周の存在さえ、これを積極的には認めたがらないのが実情である。

それに較べ、日本には卑弥呼の女王国を始め、推古天皇以後、古代日本には八代六天皇の存在が数えられ、女性天皇として堂々、登極されている。

「比較」ということが、文化論、或いは文化学の中の一つの重要ジャンルであるならば、この現象こそ日中両国間における最重要のテーマではなかろうか。しかもこの比較は私見によれば、かつて何人によっても研究のテーマにさえされなかったように思われる。

多分、その理由は、この比較には、

- 日本原始蛇信仰
- 中国古代哲学・易五行の導入による物心両面の変革

この二点の関連の分析が絶対必要であったにもかかわらず、この二点の研究が従来の日本学において、全くといっていい程、欠落していた為ではなかろうか。

その理由は、蛇は日本民俗学において単に「水の神」という低次元の神としてとらえられ、他方、易五行に至っては明治以降、迷信として一刀両断の下に切り捨てられてしまった結果に他ならない。この両者を復活させたところに、初めて公正な比較が可能であり、且つ期待されると私は思う。

本書の内容を一言にしていえば、

•第一部は、縄文時代における祖神としての蛇信仰と、弥生時代における鼠の天敵として稲田の守護神、倉稲魂神《ウカノミタマ》の神格付加、の実情の探究、

•第二部は中国の女帝皆無の原則を知ってしまった日本知識人たちの、それへの対処法、である。

蛇信仰は縄文・弥生を通して女主優位の女王国の隆盛をもたらし、中国哲学導入後は、一転、この女性優位を欠点とみなし、それをいかに克服し女性天皇の存在を負から正に転換させるか、その苦心経営の経緯である。この二つが日本の柱となるが、しかもなお原始蛇信仰と易五行はよく習合し、日本の祭り・行事をつくり上げて来た。

本書の内容は以上の仮説の実証への努力につきるが、それらの基になる処はすべて既刊の拙著から随時随所、引用されていて、初出はすべてそれらの中に限られている。読者の中には、それらと

の再会にうんざりされる方も当然あるはずであるが、日中両国の女帝の在り方についての比較には、このような問題のおこることも致し方なく、この点のご了承を得たいのである。

要するに、従来の私の説の究極の行きつく処は、革命を避け、天皇制を藤原氏がその始めから支え、これを自己権力維持の為に極力かつ巧みに発展させたことにある。これが本書のテーマでもあって、その点を汲み取って頂ければ本書刊行の意義も自然に納得して頂けることと思う。

本書の冒頭に、いまの日本の最高の学者小柴昌俊先生と、芸術家遠山慶子先生とのお話し合いを据えさせていただいたことは、私にとって大きな喜びであり、有難いことである。さらに、此度もまた本書の上梓にひとかたならぬお世話になった人文書院編集長の谷誠二氏、および今日まで私を支持してくださった読者の方々にも併せてこの機会に厚くお礼申し上げる。

著者

二〇〇五年四月

著者略歴

吉野裕子（よしの・ひろこ）

1916年東京に生まれる。
1934年女子学習院，1954年津田塾大学，各卒。
1975～87年学習院女子短期大学非常勤講師。
1977年３月『陰陽五行思想からみた日本の祭』によって東京教育大学から文学博士の学位を授与される。
現在，山岳修験学会，日本生活文化史学会，各理事。
著書　『扇』（初刊1970年，再刊1984年，人文書院）
『祭の原理』（慶友社，1972年）
『日本古代呪術』（大和書房，1974年）
『隠された神々』（初刊1975年，再刊1992年，人文書院）
『陰陽五行思想からみた日本の祭』（弘文堂，1978年）
『蛇』（法政大学出版局，1979年，講談社学術文庫，1999年）
『狐』（法政大学出版局，1980年）
『日本人の死生観』（初刊1982年，再刊1995年，人文書院）
『陰陽五行と日本の民俗』（人文書院，1983年）
『易と日本の祭祀』（人文書院，1984年）
『陰陽五行と童児祭祀』（人文書院，1986年）
『大嘗祭』（弘文堂，1987年，講談社学術文庫〔『天皇の祭り』と改題〕，2000年）
『持統天皇』（人文書院，1987年）
『山の神』（人文書院，1989年）
『神々の誕生』（岩波書店，1990年）
『五行循環』（人文書院，1992年）
『十二支』（人文書院，1994年）
『ダルマの民俗学』（岩波新書，1995年）
『陰陽五行と日本の天皇』（人文書院，1998年）
『易・五行と源氏の世界』（人文書院，1999年）
『カミナリさまはなぜヘソをねらうのか』（サンマーク出版，2000年）
『陰陽五行と日本の文化』（大和書房，2003年）

©Hiroko YOSHINO, 2005
Printed in Japan.
ISBN 4-409-54070-X C1039

古代《こだい》日本《にっぽん》の女性《じょせい》天皇《てんのう》

二〇〇五年五月一五日　初版第一刷印刷
二〇〇五年五月二〇日　初版第一刷発行
著　者　吉野裕子
発行者　渡辺睦久
発行所　人文書院
京都市伏見区竹田西内畑町9
電話〇七五（六〇三）一三四四
振替〇一〇〇〇-八-一一〇三
印刷　内外印刷株式会社
製本　坂井製本所

http://www.jimbunshoin.co.jp/

R ＜日本複写権センター委託出版物＞
本書の全部または一部を無断で複写複製（コピー）することは、著作権法上での例外を除き禁じられています。本書からの複写を希望される場合は、日本複写権センター（03-3401-2382）にご連絡ください。

人文書院　好評ロングセラー

吉野裕子著

陰陽五行と日本の民俗

二四〇〇円

五行・易・十干・十二支など、暮らしの隅々に息づく中国古代の哲理をさまざまな民俗や歳時習俗をとりあげ、あざやかに論証した労作。

陰陽五行と迎春呪術（餅犬　鳥追い　日光強飯式　豆腐祭り　節分の豆撒き　蟹の串刺し　川渡り餅他）陰陽五行と防災呪術（対震対雷　対火　対洪水　対風）陰陽五行とくらしの民俗（正月と盆亥子突き　色彩呪物　死屍呪術　長寿呪術　桃太郎と河童他）等。

価格（税抜）は2005年５月現在のもの